平凡社新書
826

落語に学ぶ大人の極意

稲田和浩
INADA KAZUHIRO

HEIBONSHA

落語に学ぶ大人の極意●目次

まえがき

「極意」とはその道を極めた者だけが知る究極の技を言うのだろうが、実はそれは技術的な技よりもむしろ精神的な心構えであることが多い。そうした精神的な心構えを修業により体得することが「極意」となる。

そんな難しい話ではない。現代では、あらゆる分野に「極意」が蔓延している。「家事の極意」「釣りの極意」「デートの極意」など、生活や趣味、男女関係にも「極意」は存在する。

では、本来の日常生活、人付き合いや問題解決、金銭のやりとりなどにも「極意」はあるのだろうか。

「十人十色」という。

顔形が違えば性格も違う。食べ物の好みも違う。

私たちが「常識」だと思っていることも、他の人には「非常識」だったりすることもある。

人は皆、同じじゃない。それぞれの価値観がある。同じじゃないから面白い。しかし、違う価値観の人と付き合ってゆくのは骨が折れる。

人は一人では生きられない。気の合う奴とだけ付き合えばいいっていうものじゃない。会社や近所、その他いろいろ、人付き合いをしなければならない。気が合わない人や、嫌な奴ともうまく付き合わねばならない。私が付き合いたいと思う好きな人でも、気難しくて近寄り難い人もいたりする。

そこで大事なものが「交際術」ということになってくる。

何を言うんだ。そんな「交際術」なんていうものが現実社会で役に立つわけがない。人付き合いなんていうのは、結局は心と心の触れ合いだ。本音でぶつかる、腹を割って話をして、はじめてわかり合える。それが人付き合いっていうものだ。

その意見は私も正しいと思う。信頼し合える友達なら、ホントに腹を割って付き合いたい。交際術で着飾った付き合いは、いつかはメッキが剝がれる。だが、信頼し合える友達ばかりと付き合うわけではない。「十人十色」、いろいろな人がいる。本音で付き合える人もいれば、そうでない人もいる。気難しそうに見える人が実は気さくだったりもするし、気さくに見えても絶対に他人に心を許さない人もいる。人の意見にすぐ左右される人もいれば、どんな正論でも疑って掛かる人もいる。付き合う相手によって、いろいろな仮面を被って接している人なんていうのは案外多い。

ある程度わかり合えたら本音で付き合うのもありだが、相手を見極めるまでは「交際術」は必要なのだ。だが、人の価値観、性格はさまざまだ。本音とは別に組織の建前で動かなきゃならないこともある。強気に出たり下手に出たり。だからマニュアル的な「交際術」なんて役に立たないことが多い。いや、そんなものはほとんど役には立たないと思っていい。「人はそれぞれ考え方が違う」という意識を持って臨機応変にやる、これがただのマニュアルではない、「大人の極意」なんだろう。

人は永年、人と関わりあって生きてきた。昔は、村とか町内とか、宗教的な講だとか。今は、会社、ご近所、趣味の仲間、その他いろいろコミュニティも複雑になったけれど、でも昔と変わらないものは多くある。

庶民生活を描いた落語や、歴史の教訓を庶民に語って聞かせた講談などの芸能には、コミュニティにおける日常生活の中での人付き合いのやり方が描かれているものが多くある。日々の暮らしで培われた「交際術」であり、うまく暮らすコツである。それにはいくらコミュニティが多様化しようと、根本的には変わらない、普遍的なものが多くある。

この本は「交際術」や「処世術」のマニュアル本ではない。大人が心得るべき、人付き合いなどの暮らしの極意を、落語や講談、昔から語り継がれている芸能から読み取り、現代の生活に活かしてゆこうというものである。

また、この本の特徴として、現代人が直面するような、「人付き合い」に関する問題を、ミニドラマ形式で挿入、それらにも答えるような形で、語ってゆくものとした。

ミニドラマは「私」という三十代後半（登場時は三十代前半）の男性を軸に進行する。中堅メーカーに勤務する営業係長、既婚で、おそらく郊外であろう、一戸建てに住んでいる。「私」を軸に、会社、ご近所、会社を離れた友人、昔の友人などが登場し、「私」の視線で捉えた日々の生活も語られる。

主人公の会社の業種も規模も抽象的で、リアルな設定ではないかもしれない。実際の会社やご近所で、こんなことが起こることはないのだろうが、それに近いことがあるかもしれないよ、というひとつの例として読んでいただければ幸いである。

参考になるような落語のストーリーと、ＣＤなどのガイドも付けてみた。興味を持たれたら聞いてみてください。

気楽な読み物として読んでいただき、その中で、ご自身の、さまざまなコミュニティにおける人付き合いなどの参考にしていただければ嬉しい限りです。

登場人物

私　ミニドラマの軸になる人物。男性。30代後半。サラリーマン（中堅メーカーの営業係長）。既婚。
妻　私の妻。30代前半。
吉田　私の親友。男性。同年代。気楽なサラリーマン。独身。
沢田　私の会社の同僚。男性。30代前半。マイペースな性格。
山本　私の会社の同僚。男性。20代後半。調子がいい。独身。
北村　私の会社の新入社員。男性。20代前半。気が小さい。独身。
竹田　私の会社の同僚、同期入社。男性。同年代。
大山松子　私の会社の同僚。総務課。女性。40代前半。
栗林美由紀　私の会社の同僚。経理課。女性。20代後半。独身。
隣の夫
隣の妻
隣の猫
焼き鳥屋の主人　沢田の行きつけの店の主人。ここの焼き鳥はかなり美味いらしい。
黒木専務　私の会社の上司。男性。50代。
村山課長　私の会社の上司。男性。50代。
山田部長　私の会社の総務部長。男性。50代。
橋本　私の会社の資料室勤務。男性。60代。
斉藤　近所の人。男性。防犯委員。
熊沢　近所の人。男性。老人。
山本のマンションの大家　男性。世話好き。60代。
三丁目の町会長
相川　三丁目の町会役員。30代。
植木　古い友人。
雅美　妻の友人。
井上真美子　私の会社の同僚。広報課。女性。30歳。独身。

第一章　大人の友情

皆さんには友達がいますか？　会社の同僚、飲み仲間、趣味の友達、ご近所、同級生、ちょっとした悪仲間……、いろいろいるかもしれません。いないかもしれない。

会社の同僚は仕事を離れれば会うこともないし、趣味の友達もあくまでも趣味だけの付き合いだ。時々、飲みに行くことはあっても、深い話はしない。とくに政治と野球の話はしないように心掛けている。相手の心情には踏み込まないのがルール。

「これからはいいお友達になりましょう」と言って別れた恋人は果たして友達か？　あれ以来、二回くらいしか会ってないけれど……。

子供の頃、泥んこになって遊んだ幼馴染み、あの頃はまた明日も遊ぶのが普通のことだった。でも今はもう彼らと遊ぶことはない。

学生時代の親友、毎日のように一緒に帰り、どうでもいい話を延々していた。テレビの話、ゲームの話、先生の悪口……、そして、恋の悩みに、将来のこと。いろいろ話したけれど、何を話したかなんて覚えてない。ただ、あいつと話をするのが、いつものことだった。今では年賀状のやりとりだけ。「今年もよろしく」って書いてあるけれど、もう何年会ってないだろう。

就職したり結婚したりして、忙しくなって、わざわざ昔の友達と会うことはなくなった。新しい世界で友達はいるが、学生時代の親友のような付き合いはしていない。もしかしたら、私には友達と呼べるような友達はいないのか。

「大人の友情」ってなんだ。子供の時のように毎日遊んだり、学生時代の時のように延々話した友情は、大人にはないのか？　大人は大人の世界の中で、どうやって友情を育んだらよいのだろうか？

一、友達ってなんだ？――「笠碁」

「友達」と一言で言ってもいろいろな友達がいる。これが「親友」となると、また違ってくる。何が違うのか。親友だと、なんでも好きなことが言えて、わがままも利いて、余計な気も遣わない。親友だから、本音でなんでも語り合える。

ある程度の年齢になって、「親友」と呼べる存在がいるのは嬉しい。

よく「碁仇《ごがたき》は憎さも憎し懐かしき」などと言う。趣味の友達などというのは案外、親友になれる要素を持っている。碁や将棋などの相手、ゴルフや卓球なんかでもいいかもしれない。盤を挟めば敵同士。食うか食われるかの勝負だけれど、別に命のやりとりをするわけじゃない。勝負のあと、一杯飲んだり、飯を食ったりしながら話をするのも楽しかったりする。趣味という共通の話題があるし、同じ時間を過ごすことでの連帯感から、プライベートな話をすることも多くなる。

けれども、碁、将棋も、ゴルフも卓球も勝負だから、時には勝ち負けに熱くなることもある。あいつには勝ってやろうと研究するのは、お互いを高めることにもなる。

ただ、勝負事は自分より強い奴とやらないと強くはなれない。似たような実力同士とばかりやっていると、大きな進歩をするのは難しい。まぁ、楽しみでやっているんだから、強くならなくてもいいのかもしれないし、どちらかが強くなると、今の関係が壊れてしまう可能性もある。同じレベルだから、友達でいられるというのもあるのかもしれない。


「吉田の奴、遅いなぁ。六時に待ち合わせたのに、六時半だよ。あっ、きた。おい、遅いよ」

「悪い、悪い」

「遅れるんなら、連絡くらいしろよ」

「携帯、電池切れでさ」

「待ってる身になれよ。こないから、帰ろうと思ったんだぞ」

「たった三〇分だぞ。待ってくれてもいいだろう」

「たった三〇分？　お前な、三〇分待つのって、案外辛いぞ。とにかく遅刻は社会人として、どうかと思うぞ」

「たかが遅刻で、社会人うんぬんって話はオーバーだろう」

「たかが遅刻って考えがいけないんだ。そんなことだから、お前は出世が出来ないんだ」

「出世が出来ないんじゃない。ガツガツ働いて出世するよりも、ゆったり働いて趣味を楽しみながら生きる道を選んだんだ。大きなお世話だ」

「ところで、お前、彼女出来たんだって？」

「そうそう。その話をね、お前と飲みながらしようと思ってな」

「お前な、彼女とのデートで三〇分も遅刻したら、絶対にふられるぞ」

「彼女とのデートは遅刻しないよ。お前との待ち合わせだから遅刻も平気で出来る」

「この野郎！」

「親友って、いいなぁ」


「あのな、吉田、お前はだいたい昔から遅刻が多いんだよ」

「お前も細かいことにうるさいね」

「忠告してるんだろう」

「大丈夫だよ。仕事には遅刻したことはないよ」

「当たり前だろう。って、仕事は遅刻しなくて、俺との待ち合わせは遅刻してもいいのか？」

「お前は友達だからな。友達だからいいんだよ」

「わけわかんないよ。だいたい、お前はずうずうしいんだよ。家にくれば勝手に冷蔵庫を開けてビール飲むだろう」

「ビールくらいケチケチするなよ」

「ケチで言ってるんじゃないよ。他人の家の冷蔵庫を勝手に開けるなって言ってるの」

「買って返せばいいんだろう」

「返したことなど一度もないだろう」

「お前だって、この間貸した本、まだ返してくれないだろう」

「今、読んでるんだよ」

「読むの遅いよ。のろまなんだよ」

「のろまとはなんだ。言っていいことと悪いことがあるぞ」

「のろまだから、のろまと言ったんだよ。のろまが嫌ならグズだな。そうやってモタモタしているから、お前はいつもチャンスを逃がすんだ。出世出来ないのはお前だ」

「お前、そこまで言うことはないだろう」

「お前のために言ってやっている」

「もう頭にきたぞ。俺は帰る。お前とは二度と会わないぞ。二度と電話もメールもしてくんじゃねえぞ」

「お前こそ。二度と顔見せるなよ」


「おい」

「吉田か。なんの用だ。もう電話してこないって言ったろう」

「会社の近くに、うまい鰯《いわし》食わせる店が出来た」

「鰯かよ」

「鰯で悪いか」
「悪くはないよ」
「行くか」
「今週は決算で忙しいから無理だ」
「来週でも、再来週でも、いつでもいいよ。時間が空いたら電話くれ」

「あれから四、五年経った。時間が空いたら電話くれと言われたが、仕事が忙しくなり、吉田とも会ってないや。飲みに行く友達はいる。会社の仲間もいい奴ばかりだ。だけど、本音で言い合う奴はいない。友達はたくさんいる。でも、親友と呼べる奴は……、今はいない。そういえば、あいつに借りた本がまだ本棚にある。返しがてら、近いうちに会いに行こうか」

なんでも好きなことが言えるっていうのは、なんでも好きなことを言われるってことでもある。親友だから親身になって言ってくれている。それはわかっている。でも、一生懸命やっていることを否定されたら、面白くはない。

だがこっちも同じくらい、ずけずけと言っていたりする。嫌なことを言い合う。相手の痛いところ、弱いところがわかっている。だから喧嘩になれば辛辣な言葉も出る。

なんでも本音で言い合える友達はありがたい存在だとわかっているが、でも、ちょっとしたことで上から目線に出られたり、あるいは言われたくないことを言われて、それが案外ホントのことで、結構こたえたりする。

あー、もう、こいつと付き合うのは面倒臭い。でもしばらく会わないと懐かしくなる。

そんな親友は何人いるだろう。

子供の頃は何人もいた。クラス全員が友達だったかも。友達一〇〇人いたかもしれない。子供だから「気遣い」なんて言葉を知らなかっただけだ。だから、誰とでも遊べた。

学生時代はいたのか。随分減ったが確かにいた。スポーツとか受験とか、似たような目標があって連帯感があったから。そうじゃない。ただ遊ぶだけの友達が、お互いを思い遣る親友になっていったんだ。

今はいるのか、親友。あいつとあいつは、ちょっと違う。あいつはもしかしたら、親友かもしれない。案外、そんな親友が近くにいるのかもしれない。

もしも友達がいないのなら、今からでも遅くはない。何か他人と出来る、碁、将棋のような趣味を持つといいかもしれない。

親友がいたら。困った時はきっと助けてくれるだろう。向こうが困ったら、何をさておいても助けてあげられる。何も出来なくても話くらいは聞いてあげられる。そんな親友がいたら、とにかく大事にしよう。

落語「笠碁」あらすじ

主人公の二人はそこそこの店の大旦那か隠居という風。どちらも孫のいる年齢である。一人（仮に斉藤さん）の家にもう一人（仮に美濃屋）が訪ねてきて囲碁を打つ。斉藤さんは「待ったをするとうまくならないから待ったは止めよう」と言い、美濃屋も賛成するが、形勢不利になった斉藤さんは「待った」をする。「待たない」と言う美濃屋に斉藤さんは三年前の借金の話を持ち出し、あの時返済を待ったのに「この一目《いちもく》が待てないのか」と言うので、美濃屋も意地になり大喧嘩になる。美濃屋は怒って帰る。

しとしと雨が続くと退屈である。そんな雨の日が三日ほど続き、美濃屋は様子を見に行こうと思うが、傘がない（行けばまた喧嘩になるからと女房が傘を出さない演出もある）。そこでお参りの時のすげ笠を被って行く。斉藤さんも退屈しているところに美濃屋がきたので喜ぶが、通り過ぎてしまい落胆、しかし、様子をうかがっているのを知り碁盤を出して美濃屋を呼び込む。「ザルだかへボだか一番来い」。二人はふたたび碁盤を囲む。

「碁仇は憎さも憎し懐かしき」。囲碁っていうのは、やる人は凄く楽しいらしい。楽しそうにも見える。「笠碁」の二人は孫もいる年齢なのに、囲碁の一目で思いっ切り喧嘩出来る。この他愛ない友情がちょっぴり羨ましかったりもする。

【おすすめCD】『十代目金原亭馬生名演集1』（コロムビア）

二、酒を飲むということ——「酢豆腐」

大人の付き合いと言えば、まず「酒」だ。

会社などでも、仕事帰りに同僚と一杯、上司や得意先の悪口を言いながら飲む、などということはよくある。これが案外楽しかったりする。

「お近づきのしるしに、ちょっと一杯」、酒をきっかけに知らない人と友達になることもあれば、「お前と飲みながら、じっくり話したかった。まず一杯いこう」、酒を飲みながら本音で話すこともある。俗に言う「飲みニケーション」というヤツだ。

酒が飲めなくても酒席にいると、いろいろ情報が得られたりもする。先輩や取引先の意外な好き嫌いや性格なんかがわかって、この先の仕事や人間関係に役立つこともある。

時には酒でしくじることもある。飲んで気が大きくなって、言わなくていいことを言って他人を傷つけたり。秘密を喋っちゃったり。「今日は無礼講だ」という宴席が、決して無礼講ではないというのは社会人の常識だ。

酒を飲む、というのが「気を許す」場でもあるのだ。

ただ、近年では「飲みニケーション」を否定する意見も多い。接待が汚職や癒着に繋がる、などというのもある。会社を離れたら、職場の人間とは付き合いたくない、という若い人も多い。酒の席で上司の小言を聞かされてはたまらん。上司だって、暖簾《のれん》に腕押しの部下に、なんで奢《おご》ってやらなきゃならないんだ、と思っている人も多い。

気の合った同士でワイワイ飲むのは楽しい。でも知らない同士を結びつけるのも酒。酒にもいろいろな効能がある。害もあるけれど、何千年も酒を飲み続けている人類の歴史がある。酒で戦争を避けたことだってあるんだ。酒で新しい友達が出来るかもしれない。

「沢田君、たまには飲みに行きませんか？」

「いや、僕はちょっと」

「お酒飲まないの？」

「まぁ、晩酌くらいはやりますけれどね」

「だったら、ビール一杯くらい付き合ってよ。焼き鳥のうまい店、知ってるから。今日は俺が奢るから」

「いえ、失礼します」

「なんだよ。付き合ってくれてもいいじゃないか。おい、山本、飲まない？」

「えっ、先輩の奢りっすか？」

「割勘だよ」

「じゃあ行かない」

「おい。いいよ、奢ってやるよ」

「嘘。割勘でいいですよ。いつもの焼き鳥屋でしょう？　行きましょう」


「沢田さん、帰っちゃいましたね」

「なんか用事があったんだろう」

「会社の同僚となんか飲んでられるか、最近の若い人に多いみたいですよ」

「最近の若い人ってお前が言うなよ。山本、お前、二八歳だろう？」

「ははは。俺なんかまだ若造でした。でも、俺は酒、好きですからね。飲めればどこでも行きますよ」

「昔はさ」

「昔って、先輩だって、三五歳でしょう？」

「そうだったな。俺も若造だ」

「若造ってことはないですよ。若年寄」

「なんだそりゃ。いやさ、俺が会社に入った頃、うんと先輩の、もう退職しちゃった人たちに飲みに連れて行ってもらったことがあるんだよ。その人たちが言ってたのはさ、昔は酒が高価で、彼らが若手の頃はなかなか酒を飲みにも行かれなかった。で、どうしても飲みたい時にどうするか」

「どうするんですか？」

「先輩に奢ってもらうんだって」

「それは名案」

「でもさ、先輩だって金がないんだよ。なかなか奢ってくれない。『今度な』って逃げちゃう」

「しょうがないですね」

「で、どうしたかというと、先輩は一人じゃない」

「確かに」

「普段あんまり喋らない人や、時には意地悪をするような嫌な先輩にも頭を下げて奢ってもらったんだって」

「意地悪するような人とは飲みたくないですよ」

「でもな、一緒に酒飲むと、嫌な先輩とも仲良くなれたんだって」

「酒コミュニケーション神話ですね」

「かもしれないけれどな、黙って飲むわけじゃないから。酒で、話をするきっかけにはなるだろう。やっぱり意地悪な人だったで終わるかもしれないけれど。ひょっとしたら、その人のいい面も見られるかもしれない」

「そんなもんですかね」

「誰かと話をするきっかけになるのなら、そういう付き合いも大事だとは思わないか?」

「マスター、ぽんじりと砂肝ね」

「あいよ。沢田さん、いつもどうも」

「いや、ここの焼き鳥はうまいから。俺は焼き鳥はこの店って決めてるんだ。よそのまずい焼き鳥なんか食えるかよ」

「ありがとうございます」

「今日さ、会社の上司に誘われたんだけれどさ。断わったよ。んな今時、飲みニケーションで親睦をなんて古いんだよ。就業時間が終わったら、仕事なんか忘れたいじゃない。なんで会社の奴の顔見ながら飲まなきゃならない? しかも安い居酒屋チェーンで、たいしてうまくもない刺身を食いながら飲むよりは、自分のお金で、マスターのところでさ、おいしい肴《さかな》でおいしいお酒を飲みたいよね」


そもそも酒とは何か? 江戸時代初期の頃は家で晩酌をする人などいなかった。何故か。酒が高価だったからだ。そんな毎日毎晩、酒が飲めるなどというのは余程のお大尽だけだった。

では酒はどんな時に飲んだのか。祝儀不祝儀。祝い事の宴会や通夜の席でないと、酒は飲めなかった。

酒は基本、一人で飲むものではなく大勢で、ワイワイ賑やかに飲むものだった。

何が大事か。酒を飲むことが大事なんじゃない。皆で、ワイワイやることに意味がある。すなわち酒は、昔からコミュニケーション・ツールだったのだ。

「長屋の花見」という落語では、大家さんが長屋の連中を花見に誘う時に酒を三升用意する。長屋の世帯数がどのくらいかはわからないが、二〇人くらい参加するとしたら、酒は一人一合半、それでも皆が大喜びするのは、酒が高価でなかなか飲めなかったからだ。それが実は番茶だとわかり落胆する面白さも、酒が高価だった頃のほうが大きい。

落語には「寄合酒」「酢豆腐」など、町内の連中が集まって酒を飲む話がよくある。「寄合酒」は町内の兄貴分が酒を用意する。肴はそれぞれが用意するように言われる。持ちつ持たれつ。酒を用意するから、肴を頼むよ。それが皆で酒をうまく飲む秘訣だ。そうして肴集めに出掛けるわけだが、そこで面白い騒動が次々に起こる。

酒を飲むにもルールがある。誰かが酒を奢ったら、肴は皆で手配する。皆で楽しくワイワイやる。喧嘩にならないように……、酒を飲むと揉め事もつきものだが、そこをうまく飲むのが大人の飲み方だった。

でもやはり、それは酒が高価な時代の話だろう。酒が安価になり、いつでも飲めるのは酒飲みには嬉しいが、コミュニケーション手段としての効果は薄れているのかもしれない。

落語「酢豆腐」で兄貴分が言う夏の酒の肴と、「酢豆腐」のあらすじ

「銭が掛からなくて、酒飲みの食いものらしくて、歯あたりがよくて腹にたまらねえ、さっぱりして衛生によくて、他人に見られて体裁のいいような夏の食べ物」

高価でうまいものは当たり前。銭が掛からない、安価でうまいものがいい。酒飲みの食いものらしい、夏の食べ物。夏野菜とか、冷奴とか、涼しげな食べ物が好まれたのだろう。

覚弥《かくや》のコウコという提案が出るが、誰も糠味噌桶《ぬかみそおけ》に手を突っ込むことが出来ない。江戸っ子は案外だらしがない。食よりも体裁を重要視する。与太郎が昨日の冷奴の残りがあると言う。夏場で冷蔵庫のない時代、当然腐っている。だが、これを珍品と偽って、気障《きざ》で通っている若旦那に食べさせてしまうという悪戯《いたずら》を実行するのが「酢豆腐」という一席。

友達同士で悪戯に盛り上がるのも酒の効果の一つかもしれない。

[おすすめCD]『志ん朝復活　色は匂へと散りぬるを「は」』(ソニー)

三、ウマの合う奴――「長短」

友達というのは不思議である。

性格が似ているからといって仲良くなれるわけではない。

性格や価値観が違うのに、何故かウマが合う奴というのが、一人や二人、いるものである。

自分にないものを求める、というのはあるのかもしれない。真面目な人は自由闊達な人に憧れるだろう。あんな風に無茶してみたい。それだけではない。あんな風に好き勝手に生きている奴がこの先どんな人生を送るのか見てみたい。でも案外、そういう人は性格は自由闊達でも生活は安定志向だったりする。

一方、自由闊達な人も、真面目な生き方に憧れたりする。でも、俺にはあんな堅苦しい生活は出来ない。だから、真面目な友達がいると安心したりする。お互いに、ないものねだり。自分にないものを持っている人に傍にいてほしい。

でも、そんなことじゃないんだ。やはり、人間同士、ウマが合うというのは、性格や価値観だけじゃない。年齢や、住所や、仕事や、環境、そういうのを超えたところで、どこかウマが合う。そんな人が案外いるものである。それがなんなのかは、わからないけれども。

「先輩、お金貸してくれませんか?」

「どうしたんだよ、山本。お前、金銭のことには、結構きっちりしている奴なのに。なんかあったのか?」

「言わなきゃ駄目ですよね」

「駄目ってことはないけれどさ。お前が金貸せって、よくよくのことだろう」

「よくよくのことです」

「どうした?」

「人妻と不倫したのがバレまして」

「はぁ? 旦那から慰謝料請求された? お前、何やってるんだ」

「人妻だなんて知らなかったんですよ。バーで飲んでて意気投合して。『ねえ、私の部屋で飲み直さない?』って言われたら、普通、男なら行くでしょう?」

「行かないよ」

「行きますって。そういうことがないから、先輩は行かないなんて聖人ぶってますけれど、そういう状況になれば行くモンですよ、男は」

「はじめて会った女だろう? 危険だよ。君子危うきに近寄らずだ」

「虎穴に入らずんば虎児を得ず、です」

「第一、女の部屋に行ったら独身か既婚かくらいわかるだろう?」

「そこが迂闊でしたね。よく見たら男物のジャケットが掛かっていて、戦闘機のプラモデルが飾ってあった」

「注意力なさ過ぎ」

「そういう状況の時はまわりが見えないものですよ。へへへ」

「で、どうしたんだ」

「はじめようって時に旦那が帰ってきましてね」

「それで?」

「パンツ一丁でベランダから逃げました。ええ。幸い部屋が一階だったもので。しかも幸い家が近所でした」

「裸で歩いて家まで帰ったの?　バカ野郎、不倫なんて町内離れろ」

「ですよね。次の日、弁護士が訪ねてきましてて。やらずぼったくりですよね。ははは」

「笑い事じゃないぞ」

「そうなんです。笑い事じゃないんです。ボーナス一括で返しますから。お金貸してください」

「お前、金にはきっちりしているけれど、女にはだらしないんだな」

――こんなバカなのに、山本とは何故かウマが合う。

「先輩、なんでラーメンの汁残すんですか？」

「山本、ラーメンの汁は普通残すだろう」

「何言ってるんですか。ラーメンは出汁《だし》が命でしょう。豚骨と鶏がらと鰹節で何日も煮込んだ出汁がベースになっている、うまみが凝縮しているのが汁じゃないですか」

「だから麺に絡めて食ってるんだよ。ラーメンの汁は基本、醬油だぞ。醬油飲んでるんだぞ。体によくないだろう」

「体を気遣うなら、ラーメンなんて食べないでくださいよ」

「ここのラーメンがうまいって誘ったのはお前だろう？」

「うまいラーメンだから、最後の一滴、汁まで飲んでほしいんですよ。この出汁にはね、この店の親父の魂がこもっているんです。魂の出汁なんですよ」

「魂だろうと、体によくないものは飲めん」

「あー、もう。先輩はラーメンがわかってない！」

——もののわからない人だが、何故か先輩とはウマが合う。


「先輩、先輩」

「なんだ、山本」

「向こうの席、女性二人連れがいるでしょう？」

「いる」

「ナンパしましょう」

「お前、懲りないなぁ」

「一緒に飲むだけですよ。四人で楽しくお話しするだけですよ。俺に任せてくださいよ」

「駄目もとだ。誘うだけ誘ってみろよ」

「ＯＫですって」

「マジかよ。お前、やるな」

「えっ？」

「で、先輩、どっちの隣に座ります？」

「丸顔のポッチャリか、面長の痩せているほうか」

「丸顔」

「了解。俺は面長」

——女の趣味が違うから、こいつとはウマが合う。

性格なんていうのは、真面目・不真面目、陰気・陽気なんていう二極化で捉えられるものではない。一見そう見えるだけで、人間なんていうのはいろいろな要素を持っている。

落語にはそんな話がいくらもあって、「女なんて大嫌いだ。傍に寄るのもけがらわしい」と言っている人の家に行ったら、子供が大勢いて、「女は嫌いだが、女房は好き」。

本音と建前ではない。むしろ、陰は陽に通じ、真面目と不真面目も似ているところがある。そして案外、表面的な性格なんていうものは付き合う相手によって変えていたりもする。会社の顔があり、家庭の顔があり、他の人には秘密の顔だって持っていたりする。

ようは、性格とか価値観なんていうのは、人付き合いにはあまり関係がない。話なんか嚙み合わなくても、人は案外仲良く出来る。ウマが合うか合わないかが大きなキーになる。

ウマが合わないかどうかは、付き合ってみなければわからない。表面的な性格や価値観だけで判断してはいけない。「馬には乗ってみよ、人には添ってみよ」という言葉がある。性格が真逆と思っていたが、それは相手の一面に過ぎない。仕事だとか、それぞれの立場を離れてみると、案外いい奴だった、なんていうこともある。そこらへんが人付き合いの面白さでもあるのだ。

落語「長短」あらすじ

気の長い男、長兵衛と、気の短い男、短七とが隣り合って住んでいる。彼らは幼馴染みだが、性格は真逆。長兵衛ののんびりした口調にさえ、短七は苛々《いらいら》する。それでも訪ねてきた長兵衛に、短七は菓子や煙草でもてなす。しかし、長兵衛は菓子をゆっくり味わって食べ、煙草もなかなか火がつかない。短七の苛々はピークになり、菓子を飲み込み、勢いよく煙草を吸いはじめる。

短い落語なので、寄席などでもたまに聞くことが出来る。五代目柳家小さんが性格の違う二人を見事に演じ分けた名演技は忘れられない。

【おすすめCD】『昭和の名人 古典落語名演集 柳家小さん 十三』（キング）

四、信頼出来る友――「寛永三馬術」

職場の同僚、上司、部下は友達ではないかもしれない。

けれども、仕事という目的を通じて、ある種の信頼関係はあるのだろう。信頼出来る同僚、上司、部下なら、友情とはまた別の関係を築くことが出来るかもしれない。

昔の武芸者や職人であれば、「名人は名人を知る」みたいなこともあった。その道を極めた者同士には言葉はいらない。同じような苦労をし、同じ道を歩んできた者同士、わかり合える何かがあるのだろう。目を見ただけで、仲間だという意識を感じたりしたそうだ。

名人、達人でなくても、会社の先輩から見れば、後輩たちは自分と同じ道を今歩いている、同じような壁にぶつかっている。だから先輩は後輩の気持ちがわかる。そんな時にアドバイスをしたり、黙って酒に付き合ったり、そうして理解し合うなどというのもあるかもしれない。そして、さらに心が通じ合えば、それはもしかしたら、友情に繋がるかもしれない。いや、友情以上の絆がもしかしたら、そこにはある。

「吉田、ちょっと話を聞いてくれ」

「なんだよ。仕事の愚痴かよ」

「嫌か」

「嫌だけれど、聞いてやるよ。誰かに話せば、気がまぎれるんだろう。どうしたんだよ」

「社内コンペがあってさ、俺の企画が選ばれたんだ」

「やったじゃないか」

「そのためのプロジェクトチームが組まれたんだけれど、俺の企画だから。俺がリーダーに選ばれると思ったらさ、村山っていう五〇代の課長がリーダーになってさ」

「まぁ、会社の人事なんていうのはそんなもんだろう。年功序列ってヤツだ。仕方がないよ。でもよ、実質の現場のリーダーはお前なんだろう？」

「なんだけどさ、村山課長は、なんでも上にお伺いを立てないと判子押さない人でな。得意先から早く決めてほしいと頼まれていることも、『ちょっと待ってね』とか言って、上に書類まわすんだ。戻ってくるのに二、三日はかかって、その間、仕事は停滞し、得意先は怒らせる。仮の返事だけでもしましょうよって言うと、『上に聞かないで返事をするな』だもの。それがだんだん酷くなって、『慎重に検討しよう』とか言って書類をデスクに置いたまま別の仕事しているし。一つの案件の判子もらうのに二週間、三週間かかって、とうとう他社には出し抜かれ、散々だったよ」

「タイヘンだったな」

「ところが村山課長は、自分は上の言う通りにやっただけで責任はない、そもそもの企画に無理があったと言って責任逃れさ。あんな奴がいるんだなぁ」

「もともと保身だけの人なんだろう。だから課長止まりなんだよ」

「そんな上司の下で働かされる身になってくれよ。こっちはあいつのために企画は潰されるわ、責任まで押しつけられて」

「腐るな、腐るな。見ている人はちゃんと見ているから。昔の武士に比べれば、マシだろう」

「なんだよ、武士って」

「昔の武士はさ、たとえバカ殿様であっても忠義を尽くさねばならなかった」

「世襲だからしょうがねえだろう」

「上司を選べないのは昔も今も同じだよ」

「なるほどな。でも、上司なら、同じ仕事をしているんだ。ある程度は話せばわかり合える人もいるんじゃないか？」

「お前の上司は話してもわからなかったんだろう？　昔だったら、それこそ切腹してバカ殿様に諫言《かんげん》するような家来もいたんだ。諫言に心を打たれたバカ殿様が改心して、立派な名君になりましたという話もあるんだろうが、現実はなかなかそうもゆかない。無駄死にする家来も随分いたのだろう。現代でもクビを覚悟で上司に諫言しても受け入れられず、会社を去る者もいるのだろう」

「そういう人もいるんだろうな」

「だからさ、お前が上司になった時に、その課長を反面教師にすればいいんだよ」

「えっ？」

「主君のために命を賭《と》して尽くすのが武士なら、部下に対し身をていしてかばい、下の者に義を尽くすのも武士だ」

「俺、武士じゃないから」

「サラリーマンは武士の気概を持たねばならぬ、という話だ」

「まぁ、お前の言いたいことはわかるよ」

「部下がミスとかをしても、徹底的にかばう上司だっているだろう。いい上司にめぐり合えると、いい環境で仕事が出来、業績も上げることが出来る」

「それは大事だよな。いい上司の条件ってなんだろう」

「一番いいのは、『あとは俺に任せろ。やりたいようにやれ』。そういう上司なら文句はないがな」

「そんな上司はまずいないな」

「そうでもないよ。上司だからってなんでも出来るわけじゃないからな。その分野のエキスパートの部下たちに任せて、自分は調整役とアドバイスするだけに徹する、管理職っていうのはそんなものだよ。スーパーの大売り出しで、メーカーの営業の管理職が法被《はっぴ》着て店頭で大声出して頑張るのもアリだけどな。そういうのはご愛嬌で、本来の仕事は管理業務だよ」

「なるほどな」

「もっと上の経営者になれば、会社の意思決定だけして、具体的な戦術は重役に任せて、実働はエキスパートの部下に任せる。そういうもんだろう」

「なるほどな」

「もっとも上司に信頼されるには、上司の信頼に応えられるだけの能力を備え、頑張らなければならないだろう。いや、そうやって部下を信頼することで、部下の能力を引き出す、それも上司の能力だと俺は思う」

「いいこと言うな。それにしても吉田、今日のお前は、お前らしくない」

「どういうことだよ」


仕事の上で、同僚や上司、部下に助けられた経験のある人は多いと思う。いや、仕事は常にチームワークでやるものだ。業種によっても違うかもしれないが、それぞれのエキスパートがお互いを信頼して一つの仕事をやり遂げるのが仕事だろう。反対に、同僚に足をすくわれたり、手柄を出し抜かれたり、などという経験のある人もいるかもしれない。あるいは無能な上司、部下のおかげで、仕事がうまくゆかず苛々させられてばかりだ、という人もいるだろう。

友達は選べるが、会社の同僚、上司、部下は選ぶことが出来ない。だからこそ、うまく付き合ってゆかなければならない。

会社の同僚、上司、部下もお互いの能力を信頼し合えば、それ以上の力を発揮し、またそこには、新たな友情が生まれることもある。飲み友達とはまた違う、仕事という共通の目的があるのだ。

でも会社の人事だ。誰が上司になるか、部下になるかなんてわからない。それはやはり「縁」というのが大きいのかもしれない。

誰が上司でも関係ないよ、自分の仕事をきちんとやればいいだけだ。それも考え方の一つだ。業種によってはそうあるべき世界ももちろんある。だが、やはり、気分良く仕事をするには、いい上司に恵まれたい。

上司の場合は部下を育てるというのも仕事の一つだ。大きな仕事を任せたり、企画を出させたり、チャンスを与えてもいいだろう。試練になるかもしれない。それをいつやるのか、部下の中の誰にやらせるのか、そうした見極めに大事なのは、やはりコミュニケーションだろう。

酒や飯に連れて行かなくてもいい。ちょっとした声掛けが重要で、職場内の無駄話というのが大切になってくる。もっとも、名人は名人を知るで、じっと目を見てわかり合えれば、それはそれでもいい。

講談「寛永三馬術〜愛宕山」あらすじ

「寛永三馬術」は江戸時代の初期に馬術の名人と言われた三人、筑紫市兵衛、曲垣《まがき》平九郎、向井蔵人の話である。

三代将軍家光が、愛宕山《あたごやま》の山頂に咲く梅の枝が欲しい、ただ取ってくるのではつまらないから、「誰か馬で石段を登って取ってこい」。愛宕山の石段はとんでもない急勾配(今もある)。こんなわがままな一言。何人かの馬術家が挑み、石段の八合目から転落し命を落とす中、四国丸亀藩士の曲垣平九郎は見事、愛宕山の石段を馬で駆け登り、日本一の馬術の達人と、家光よりお褒めの言葉をいただいた。

その平九郎のもとに度々平《とどへい》という下男が住み込む。どこの世界に度々平などという間抜けな名前があるか。平九郎がよくよく度々平を見ると、気品のある顔つきと、武術の稽古をした跡も見られる。度々平は間違いなく武士だ。さては、どこかの藩の馬術家が、曲垣流馬術の技を盗みにきたに違いない。バカな奴だな、表立ってくれれば教えてやるものを。まぁ、いいや、やりたいと言うなら、やらせてやろう。こうして奇妙な主従関係が出来た。

ある日、度々平、藩の重臣の甥、斎宮という者と角でぶつかり口論となり、刀を抜いて斬りかかる斎宮を叩きのめしてしまう。重臣は「無礼を働いた下郎、度々平を差し出せ」と言う。差し出せば、度々平は殺されてしまう。その時、平九郎は、「たとえ一度でも、曲垣の家の家来になった者を見捨てるわけにはゆかない」と言い、丸亀藩を辞すと、度々平を供に連れて旅に出た。主人のために尽くす忠義だけではない。家来をとことん守り抜くのも、また武士道。講談にはこういうお話もある。

やがて、今度は度々平が恩返しにと、平九郎を越前松平家に一〇〇〇石で仕官させる話に続くが、度々平は何者かと言えば、実は筑後柳川、立花左近の臣の馬術家、向井蔵人であった。曲垣流馬術の極意を盗みにきたのだが、そんなことは百も承知だった平九郎、いずれは後継者に教えなければならないのだと、曲垣流の極意を蔵人に教える。

平九郎は越前に残り、蔵人は柳川に戻り、二人はこののち数回しか会うことはなかった。しかし、この二人にもう一人、筑紫市兵衛を加えた「寛永三馬術」と呼ばれた三人は、心の友情で結ばれていた。

[おすすめCD]『談志百席～小言念仏・寛永三馬術・曲垣と度々平』（コロムビア）
注＝講談のCDではないが。

五、生まれた時は別々だが、死ぬ時は別々――「粗忽長屋」

「生まれた時は別々だが、死ぬ時は一緒だ」

これはやくざや軍人がよく言う科白《せりふ》。

落語だと、そうはゆかない。

「生まれた時は別々だが、死ぬ時は別々」

当たり前じゃないか。そうなんだよ。当たり前のことが大事なんだ。

人間いつかは死ぬ。若くして死ぬ人もいれば、年をとってもなかなか死なない人もいる。ことによると死ぬのを忘れたんじゃないか。でも長寿はめでたい。普段はこの糞爺（婆）と思っても、その人がいるだけで安心なんていうことだってある。

病気で死ぬ人もいれば、事故や災害で死ぬ人もいる。だから、皆、死ぬ時は別々なんだ。だけど災害や戦争だと、一度に大勢の人が死ぬ。死ぬ時は一緒というのは、異常な事態ということだ。だから、避けなければならない。防災対策をきちんと行うことも大事。戦争が起こらないよう、「平和」のありがたさを嚙み締めて、言うべきことは言うことも大事だ。

事故や災害だって、ある程度は防げる。国家間のトラブルを戦争に発展させない方法はいくらもある。それを指導者だ権力者だなんていう奴らが、利権や意地や人気取りで戦争をはじめるとしたら、命がけで止めるのも市民の務めだろう。自分の命もだが、子供や孫たちの命がかかっているのだ。


「おい、山本、帰りに一杯行かないか？」

「先輩、すみません。今日はね、月に一度の趣味の集まりがあるんです」

「へー、お前の趣味ってなんだ？」

「映画鑑賞」

「なんだ？」

「映画鑑賞ですよ」

「ポルノ？」

「ポルノ映画じゃないですよ。主に日本映画なんですけれどね。昭和三、四〇年代の映画のDVDを仲間と見るんですよ」

「どんなの見るの？」

「なんでもですよ。時代劇から、青春モノ、やくざ映画まで」

「やくざ映画なんて見るんだ。面白いのかよ」

「結構カッコいいっすよ。弱きを助け強きをくじく」

「そんなやくざいるか」

「昔はいたんですよ。彼らがアウトローと呼ばれるのは、江戸時代のロー（法律）、権力者に対抗していたからで、反権力主義が根底に流れているんですよ」

「へー、そうなんだ」

「権力と対抗するには一人では戦えない。だから、仲間との連帯意識が強くなる。それで仲間との義理を大事にするんです。義理と人情を秤《はかり》に掛ければ義理が重たい好漢《おとこ》の世界。仲間のために命を張る。義兄弟とか親分・子分の関係は絶対で、ホントの家族よりも強い絆が生まれるんです」

「ふーん」

「だから、義兄弟が死地へ赴く時には、『お供させていただきやす』、『生まれた時は別々だが、死ぬ時は一緒』。これが好漢の生き方ですよ」

「俺にはよくわかんない世界だな」

「俺だってわかんないですよ。ただ、見てるとね、自分がやくざになった気分になる」

「よせよ」

「いや、やくざ映画ばっかり見ているわけじゃないですから。でも、心に響く科白がやくざ映画にはありますね」

「そんなもんかな。まぁ、楽しんでこいや」

「吉田、お前、やくざ映画なんか見るか?」

「Vシネとかだろう? 俺は見ないけれど、結構見る奴多いらしいな。いつの時代でも暴力とかへの憧れってあるんだろうな」

「今のVシネじゃなくてさ、昔のやくざ映画みたいな、弱きを助け強きをくじくとか」

「高倉健さんとかだろう? そんなのは今時、流行《はや》らねえよ。昭和三〇年代から、せいぜい四〇年代前半で終わっているよ。四〇年代後半には『仁義なき戦い』だし、今は『アウトレイジ』だぜ。やくざ映画のテーマは欲望と裏切りと暴力だ」

「そんなもんかなぁ」

「どうしたんだよ」

「いやさ、『生まれた時は別々だが、死ぬ時は一緒だ』なんて科白がさ、妙に心に残らないか」

「残らない」

「残らない?」

「人間なんていうのはな、『生まれた時は別々だが、死ぬ時は別々だ』」

「そんなの当たり前じゃないか」

「当たり前がいいんだよ。おっと、もう一〇時だ。悪い悪い。明日、早朝会議なんだ。これで帰るよ」

「もうちょっといいだろう。あと一時間。ビール一杯ずつ飲もうぜ」

「そうも言ってられねえんだよ。ここんとこ業績厳しいから。じゃあな」

「あー、帰っちゃった。生まれた時は別々だが、帰る時間も別々か。まぁ、それぞれの人生があるんだ。仕方ねえか」


「ただいま」

「あなた、お帰りなさい。なんか食べる？」

「あー、軽くなんか食べたいな」

「今、ちょっと手が離せないから、待っててくれる？」

「あっ、このラップ掛かっているのをレンジで温めればいいんだろう？　自分でやるよ」

「ちょっと待ってて。今、私が……。ねえ、なんでサラダをレンジで温めるわけ？」

「あれ？　これサラダ？　そうだ、サラダだ。なんでだろう」

「あなたさ、お願いだから、私より先に死んで」

「なんてこと言うんだよ」

「だって、あなた一人残して、私、死ねない。でも待って。あなたに先に死なれてもね、あとの人生寂しいわよね。あー、もうどうしたらいいのよ」

「おい」

「何よ」

「お前と俺とは、生まれた時は別々だが、死ぬ時は一緒にしようぜ」

「はぁ？」


近代から太平洋戦争の終結まで、日本では徴兵制が行われていた。二〇歳になると普通の男性市民にも何年間かは兵役が課せられた。やはり戦場に行けば、死と隣り合わせであり、戦友には一般の友情以上の絆が生まれた。

「生まれた時は別々だが、死ぬ時は一緒」。そんな気概で兵士たちは敵地に赴く。だが、実際に戦闘になれば、敵の弾丸が雨霰《あられ》のように降り注いでくる。気概ではない。現実に「死ぬ時は一緒」になってしまう。

戦いのあと、運良く生き残る場合もある。「死ぬ時は一緒」と誓った友を先に死なせて自分が生き残ったことが自責の思いとなる。生き残ったのは運がよかったのだが、そのことが後悔になる、それが戦争だ。

何が言いたいかと言えば、やくざも戦争も日常のことではない。非日常の高揚から強い絆は生まれるだろうが、それは決して、まともなことではない。「生まれた時は別々だが、死ぬ時は一緒」は深い友情を謳った美しい言葉にも聞こえるが、その実は極限状態に追い込まれた男たちの悲痛な叫びに他ならない。

落語は安心だ。それを逆手にとり、「生まれた時は別々だが、死ぬ時は別々」と遊ぶ。聞いた奴が「当たり前の仲じゃないか」。

皆、それぞれの人生を生きている。仕事に頑張る人、趣味に生きる人、結婚・離婚を繰り返す人、ペットを飼う人、ケチな人、いろいろな人がいろいろな人生を生きる。皆、別々の生き方をして、別々に死んでゆく。病気や事故で早く死ぬ人もいる。「まだ生きてるの？」「お前こそ」、なんていうくらい長生きの人もいる。友達が死んで、死んだ友の息子や孫と友達になることだってある。生まれた時は別々で、死ぬ時も別々がいい。それが日常のことだからだ。

落語「粗忽長屋」あらすじ

「粗忽《そこつ》」とは、うっかり、そそっかしい、軽はずみ、というような意味。そんな粗忽な奴らが集まって住んでいる長屋がある。なかでも粗忽の代表みたいな男が、浅草の雷門の前で行き倒れに遭遇する。行き倒れが同じ長屋に住む熊さんと顔が似ていたため、熊さんだと思い込んでしまった男は長屋に飛んでゆき、熊さんを連れて雷門へ。なんだかよくわからない、と言う熊さんに「夕べお前はここで死んで、死んだのも気づかずに帰ってきた」と言い、死骸を見た熊さんも「これは俺だ」と言い出す。

そそっかしいのも自分が死んだと思い込むのは極み。

「行き倒れの当人を連れてきましょう」などの名科白の中に、「友達だよ。生まれた時は別々だが死ぬ時は別々の間」の科白も登場する（登場しない演者もいる）。

【おすすめCD】『昭和の名人 古典落語名演集 柳家小さん 十三』（キング）

第二章　ご近所の交際術

そりゃ、味噌醤油の貸し借りこそないが、今でも近所付き合いはある。「ない」と言う人もいる。マンションなどでは隣に誰が住んでいるのかさえ知らない、ということも多い。

昔は、それこそ江戸の長屋、昭和の木造アパートの時代くらいまでは、隣近所の様子が筒抜けだった。魚を焼く匂いがしてくれば、あー、○○さんの家は焼き魚か、なんておかずがわかったりする。で、魚が焼けた頃に、「すみません、醤油貸してください」ときたりする。

近所に子供のいる家があればうるさいのは当たり前。当たり前なんだから、「子供がうるさい」なんて文句を言ったりはしない。なんの商売をしているかもわかっている。というより、「おい、提灯屋」「なんだ、下駄屋」と商売で呼び合ったりもする。ある意味、プライバシーなんてなかった。だから、味噌醤油の貸し借りにはじまり、病気になれば助け合ったりもした。就職も紹介が基本だった時代は、近所の人が紹介してくれたし、年頃の男女がいれば、すぐに見合いの話を持ってきた。

今はマンションの壁が厚くなった。薄いマンションもあるけれど、隣の音は聞き耳でも立てなければ聞こえない。もし隣の音が聞こえても、聞こえないふりをするのが常識の時代だ。

自分のライフスタイルを守ろうと思えば、余計な近所付き合いなんてしないほうがいい。やることは多い。忙しいんだから、近所付き合いなんて、している暇はないのだ。

隣が誰だかわからない。気を遣わなくていい反面、怖いところもなきにしもあらず。誰だかわからない奴だから、余計に関わり合いにはなりたくない、というのもある。

でもなんだろう、今でも近所から、カレーの匂いがしたら、なんかホッとしたりする。

一、防災、防犯、ご近所の連携――「二番煎じ」

最近、近所で「火の用心」の声を聞くようになった。冬の季節である。だいたい夜八時から一〇時くらいであろうか。一〇人くらいで、拍子木を一人が叩き、声を揃えて「火の用心」とやっている。

昔の夜まわりは時間を決めてだが、一晩中巡回していた。思わぬ出火は、行灯《あんどん》などの灯りや炬燵《こたつ》など暖房の火の消し忘れにある。また、放火犯などというのもいたから、夜まわりの防火効果はかなりあったのだろう。今は八時から一〇時では宵の口だ。家庭でもテレビかなんか見ている時間だから、果たして夜まわりの効果がどれほどあるのかはわからない。むしろ夜まわりの効果というよりは、夜まわりをすること自体が、ご近所コミュニティの一環なのかもしれない。

「遠くの親戚よりも近くの他人」などと言う。

何か事件があった時などは、近所の存在は心強い。警察や救急を呼んでも来るまでには多少の時間はかかる。その間にご近所の助けがあれば心強いこともある。いざという時は、隣近所に助けを求めるのも大事だ。だからというわけではないが、隣近所をまったく知らないよりは、少しは知り合っておいたほうがいい。

とりあえず、顔を見たら、「おはよう」「こんにちは」くらいからでもはじめてみよう。


「ねえ、あなた、知ってる?」

「何を?」

「先週、二丁目で強盗事件があったんだって」

「二丁目っていったらすぐ近所じゃないか。怖いなぁ。どこの家だ?」

「斉藤さんって、以前、診療所だった」

「あー、おじいさんの医者が一人でやっていた。診療所やめて、楽隠居しているって聞いたけど」

「そうそう。アパート何軒か持っていて。元医者で、泥棒もお金がうんとあると思ったんでしょう」

「泥棒もバカじゃないな。金のあるところに目をつけた」

「ところが、バカな泥棒だったのよ」

「えっ?」

「斉藤さん、診療所やめて暇だから、町内の防犯委員やっていてね。泥棒が入った時に、ちょうど防犯委員が集まって、夜まわりの相談をしているところだったのよ」

「なんだそれ」

「鍵をこじ開けようとして、ガタガタいってるから、なんだろうと皆で見に行ったら、戸が開いて。泥棒も驚いたでしょう、大勢で集まっていたから」

「それで御用か。バカだな」

「ねっ、バカでしょう？」

「でもさ、普通は留守を狙ってくるのに。その泥棒は斉藤さん一人なら縛り上げて盗もうとしたんだろうな」

「そうなのよ。最近、独り暮らしのお年寄りが多いでしょう？　そういう独り暮らしのお年寄りの家を狙った泥棒や、それからセールスを装った詐欺なんかもいるらしいのよ」

「あー、聞いたことがあるよ、害虫駆除だとかの贋物《にせもの》だろう。それから、ほら、消防署の制服着て、消火器売り歩く奴とかな」

「そういうのもだんだん巧妙になっているらしいの。でね、斉藤さんや、その時、泥棒を捕まえた防犯委員の人たちが町内の防犯体制を強化しようって話になったのよ」

「生兵法は怪我のもとって言うよ。そんなさ、斉藤さんのところに入った泥棒はマヌケな奴だったからいいけどさ、凶暴な奴もいるんだぜ。刃物や、場合によっては銃なんかも持ってるかもしれないんだぜ」

「何も泥棒と戦おうっていうんじゃないのよ。独り暮らしのお年寄りの家への声掛けとか、困っていることはありませんか、とか、変な人が訪ねてきませんでしたか、とか」

「変な人が訪ねてきませんでしたか、って聞きにくる人が変な人だよ」

「もう。地域の連携で犯罪を抑制しようという話よ」

「それはわかるよ」

「隣近所の目があれば、泥棒だって入れないし、詐欺みたいな人がきても、すぐに隣に相談出来れば未然に防ぐことが出来る。この地域は地域の連携がしっかり出来ているってわかれば、犯罪者が近づきにくくなるというわけよ」

「どうなんだろうな。隣近所の目があるってことはさ、それだけプライバシーが筒抜けになるってことだぜ。嫌がる人もいると思うよ」

「そうね。でも、安全をとるかプライバシーをとるかよね。だけどほら、東日本で大地震があったじゃない？　あの時なんか、テレビのニュースは悲惨な映像流すばかりだったけれど、隣近所の情報っていうのが生活には役立ったのよ。ほら、商店から品物がなくなったりしたじゃない。どこそこのスーパーに野菜が入ったとか、主婦の情報の共有はあの時は結構助かったんだから。やはりご近所の連携は大事だと思うわけ」

「なるほどな。確かに災害の時なんかは、隣に誰かいるだけでも安心ってこともあるよな」

「でしょう？　でね」

「なんだよ」

「主婦グループも防犯委員会に協力しようって話になって」

「なんかやるのか？」

「とりあえず通学路でね。子供たちへの声掛け」

「子供たちへの？」

「大人が見ているってことでね、子供への犯罪の抑制になるんじゃないか」

「それはいいかもしれないな」

「出来ることから、コツコツやってゆこうということになって」

「ふむ」

「今から一丁目の奥さんたちで話し合いがあるのよ。そんなわけで出掛けてくるから」

「今から？　晩飯は？」

「シチューが冷凍してあるから、チンして食べて」

「お前は？」

「あっ、話し合いの場所は駅前の居酒屋だから、適当に食べてくるわ」

「それ、防犯の話し合いじゃなくて、奥さんたちの飲み会じゃないのか？」

「犯罪なくして明るい街に！　じゃ、いってきまーす」

家が商店などで稼業を継いだりしている人は、同じ町内に、昔からの幼馴染みがいたりする。

そういう幼馴染みもたいてい家が商店だったりするので、共通の話題もあったりする。ただ、たいていは実家を出て、家やマンションを買うなり借りるなりして、別の土地に住む人が多いだろう。そうして何年かして、家族が増えたり、収入が増えたりすれば、別の土地に家を買ったり借りたりして引越してしまう。子供が巣立ち、仕事を引退したら、また別の、ちょっと空気の良い土地に、狭い家を買ったり借りたりして引越したりもする。その土地の人間という意識も希薄なのかもしれない。

困った時には頼りになるご近所でも、やはり普段の付き合いは面倒臭い。子供でもいれば、親同士という共通の話題もあろうが、同じ地域に住んでいるというだけで、仕事も趣味も違えば、話をすることもない。話題と言えば、お天気のことくらいだろう。

たまに回覧板なんかもまわってきたりするが、あれも面倒臭いものだ。外出していて一日玄関のところに置かれていて次にまわすのが遅れると、白い目で見られたりする。実際にそんなことは誰も気にしてないのかもしれないけれど、なんとなくうしろめたかったりする。

しかも回覧板にはたいしたことが書いてあるわけじゃない。でもこれもよくよく読むと、たとえば地域の図書館のイベント情報が載っていたりする。いやいや、そんなものこそ子供でもいれば話は別だが、忙しい毎日の中、時間をさいて見に行くことはあるまい。いや、果たしてそうか。一度本気で目を通してみると、たとえスケジュール的に行くことが出来なくても興味を惹かれるイベントがあるかもしれない。何かの折に行ってみると、また違う何かに出会えるかもしれない。

そんなに踏み込んだ付き合いでなくていいんだ。日々の挨拶や、祭りなどのイベントの時の付き合いだけだっていい。そうやっていれば、何かの時に助け合える。その土地に住んだのも、何かの縁。そういう「縁」もあってもいいじゃないか。

落語「二番煎じ」あらすじ

町内の旦那衆が火の用心の夜まわりをすることになった。町内の旦那衆というのは、だいたいが世襲で、子供の頃からその町内に住んでいた連中が多い。顔馴染みだったり、子供の頃は仲の良い友達だったりもする。そんな連中が集まる。町内の防火、防犯という共通の目的がある。とはいえ、慣れない仕事で、おまけに外は寒い。一人が酒を持ってきていた。「実は」と他の者も酒を。別の者は猪の肉と味噌と葱《ねぎ》と鍋まで持ってきていた。番小屋でプチ宴会がはじまり、昔話に花が咲く。

そこへ番小屋の見まわりをする役人がくる。気の利いた男が、酒を煎じ薬だと誤魔化す。役人は自分も風邪気味だから煎じ薬を飲ませろと言い「なるほど煎じ薬である」と、酒をガブガブと飲みはじめる。

【おすすめCD】『NHK落語名人選45 十代目金原亭馬生』（ポリドール）

二、ご近所トラブルには迅速な謝罪――「粗忽の釘」

生活をしていれば、なんのかんので他人に迷惑を掛けてしまうことはある。歩いているだけでも、うっかり人の進路を塞《ふさ》いだり、ぶつかったりすることもある。わざとじゃない。わざとじゃないだけに、悪いなぁと思う。そんな時はどうするか。謝るしかないだろう。「すみません」「失礼」。そんな程度の謝罪で十分。道を塞がれたり、ぶつかられたほうも、相手がわざとじゃないとわかっているから、ちょっとはムッとするかもしれないが、「いえいえ」「どういたしまして」と言って終わりだ。

ではこれが、ご近所だとどうか。

俗に言うご近所トラブルというのはよくある。騒音やペット、ゴミの出し方、駐車、工事など、ちょっとしたことでトラブルは発生する。これもわざとじゃない。だったら、謝ってしまえばいいのだが、子供がいれば騒音は仕方がないし、真夜中じゃなければ楽器くらい弾いてもいいじゃないか。犬や猫は臭いもある。来客があって狭い道に車や自転車を停めることもある。そんなのはお互い様だろう。

だが、やるほうはお互い様と思っても、相手はそうは思わない。すぐに文句でも言われれば改めることもあるが、ご近所だから、相手も余計なトラブルは避けたいと、何も言わずにいるだけかもしれない。そうやって何も言わずにいると、ストレスも溜まる。気に入らないことは一つなのに、万事が気に入らない、ということにもなりかねない。こうやってご近所トラブルは増幅する。

ご近所トラブルこそ早期解決が肝心だろう。


「あれ、これ、なんだ？」

「あー、あなた、それ、お隣の方が持ってきたのよ」

「煎餅だな。あー、隣、新しい人が引越してきたから。挨拶に持ってきたのか？」

「引越しの挨拶は別にもらっているの」

「挨拶とは別に？　何？」

「実はね」

「うん」

「お隣の猫がうちのベランダの植木鉢ひっくり返しちゃったって」

「あー、あれやっぱり猫の仕業か」

「らしいのよ。それで謝りにこられて」

「隣、猫いるのかよ。これからもちょくちょくひっくり返すんじゃないの？」

「気を付けますとは言ってたけどね」

「まぁ、なんだよな、猫のしたことじゃ怒れないしな、こうやって謝りにきたんだから、しょうがないんだろうな。でもまぁ、丁寧な人だな」

「とても丁寧な人だった。丁寧過ぎる、かな」

「なんだよ」

「うん。謝りにきたというか、なんというか。ずっと喋ってた。一時間くらい」

「えっ？」

「最初はね、うちの猫が申し訳ありませんって低姿勢だったんだけど、そのうちに猫がカワイイっていう話になって」

「猫はカワイイんだから、少しのことは我慢しろよって言われたんだよ」

「そんなんじゃないと思うけれど。そんなに、悪い人じゃないみたいだけれどね」

「うっかり仲良くなって、変なモノ売りつけられたりしないか？」

「まさか」

「なら、いいけどな」


「隣はどうだ？」

「悪い人じゃないみたい」

「それはよかったたな。引越して早々、ご近所トラブルじゃ敵《かな》わないからな」

「少なくとも、犬猫は嫌いじゃないみたい」

「なら安心だよ。猫アレルギーだって言われたら、どうしようかと思ったよ」

「やっぱり、まずいと思ったら先に謝っちゃったほうがいいわね」

「普通はな。猫のしたことで目くじら立てる奴なんていないと思うが、世の中、どんな奴がいるか、わからない。それこそ、悪い人じゃなくても猫アレルギーの人もいるんだしな。謝っといたほうがいいよ。お互いが好印象になれば、あとが楽だしな。ご近所トラブルが煎餅で済めば安いもんだからな」

「そう考えたら、ミケちゃんに感謝ね。お隣に行くきっかけを作ってくれたんだから」

「そうだな。挨拶じゃ人柄まではわからないものな。こうやって、ちょっとした事件があれば、多少は人柄もわかるってものだ。ミケちゃんに感謝だな」

「ニャーオ」

「あら、噂をすれば。ミケちゃん、帰ってきたわ。あなた！」

「どうした？」

「どうしましょう。ミケちゃん、鰯、咥《くわ》えてきたんだけれど」

「お向かいの家だ。しょうがないなぁ、今度は俺が謝りに行ってくるよ。鰯だからな、煎餅大きいほうだ」

ご近所トラブルは、やはり早期に解決することだろう。

あきらかに自分が迷惑を掛けたと思ったら、まず謝ることだ。何も平身低頭することはない。お互い様というのはある。自然に謝意を伝える。簡単なようで難しい。

子供が悪戯をした時はどうする？　自分の子供はカワイイから、かばってやりたい気持ちもわからなくはないが、親が謝るうしろ姿を見せて、自分が悪いことをして、親に頭を下げさせているんだ、ということをわからせるのも一つだ。では、子供が悪戯をして、隣人に叱られた時はどうすればいい？　子供は社会で育てるものだ。お礼を言いこそすれ、怒る筋合いではない。だが、理屈ではわかっていても、子供が他人に怒られたら面白くはない。

だが、面白くないという気持ちだけで怒りを出してはいけない。一歩立ち止まって、状況を考える余裕も欲しい。

謝る時は迅速に、怒る時は少し時間を置いて、それがご近所トラブル解決の鉄則である。

それともう一つ、やはり普段のコミュニケーションが大事だ。相手のことを知ることである。育ち盛りの子供がいたら、多少の騒音は許そうって気にもなる。悪戯していた子供も五年、一〇年もすれば高校生、大学生、社会人になるんだ。隣家の子供の成長も楽しみであろう。

ペットを可愛がっている隣人なら、そのペット愛も伝わる。

そうしたコミュニケーションが普通に出来る隣人関係を普段から築いていれば、簡単にトラブルにはなるまい。

落語「粗忽の釘」あらすじ

そそっかしい男が主人公。その男の一家が引越しをすることになり、まずその引越しで大騒動。ようやく片付きかけた時に、女房が男に、箒を掛ける釘を柱に「打ってくれ」と言う。何せ、そそっかしい男だから、八寸の瓦釘を壁に打ってしまった。長屋の壁は薄い。釘の先が隣に出ていたら事故になる。女房に言われ、男は隣に謝罪に行く。ところが、何せ、そそっかしい男だ。隣でなく向かいの家に行ってしまい笑い物になり、隣に行くと釘の件をすっかり忘れて、自分と女房の馴れ初めや新婚時代の惚気話をして帰ってくる。あわててもう一度謝罪に行くと、なんと釘は隣の家の仏壇に刺さっていたから大変なことになる。

【おすすめCD】『NHK落語名人選70　五代目柳家小さん』（ポリドール）

三、大家さん今昔物語――「小言幸兵衛」

なかなか家を買う、というわけにもいかないので、アパートやマンションを借りることが多い。昔は、大家さんが敷地内にアパートを建てたり、裏の家が空いているから人に貸そうか、などという借家も随分あって、大家さんと借家人の関係も密接だった。今は、アパート、マンションのオーナーが別の地域に住んでいたり、管理会社がすべて管理しているところも多く、家賃もたいてい銀行振込だ。入居から退出まで、大家さんとは顔を合わせることなく数年を過ごす、ということもままある。それはそれで気が楽でもある。

大家さんのほうも、代価を払って不動産屋や管理会社に任せているのだから、いちいち面倒はなくていいのかもしれない。昔なら、月末には皆が家賃を持ってくるから、かなりの大金が家にあるわけで、防犯上も危険である。支払いが遅れている家に取りに行くのは気まずい。こっちが悪いわけではないのに、取り立てに行くみたいで嫌な気分になる。すぐに払ってくれればいいが、そういう家に限って留守だったりする。

大家さんというと、土地持ちで、家賃収入で悠々自適な金持ちというイメージもあるが、そういう人ばかりではない。中には老後の生活のためにローンでアパートを建てた、なんていう人もいたりする。固定資産税や、アパートのメンテナンスにも金が掛かり、案外苦しかったりもする。家賃の滞納や、それこそ店子《たなこ》に夜逃げでもされたら、大変な損失になる。だから、余計なお金を払ってでも管理会社に頼んで、間違いのない家賃徴収をしなければならない。

大家と店子は親子のようなもの、というのは昔の話。今は住居を貸す、借りるだけのビジネスライクな付き合い方が普通であろう。


「おい、山本、お前、今度の人事異動で主任になったんだって？　おめでとう」

「あっ、先輩、ありがとうございます。でも、別に順番ですから」

「順番でもなんでも昇進には違いない。おめでとな」

「それはいいんですけれどね」

「なんだよ、浮かない顔だな」

「今度、引越そうと思ってるんですよ」

「ほう、江戸っ子だな」

「なんです、江戸っ子って？」

「知らないのか。昔の江戸っ子は引越し好きだったんだって」

「へー、別に江戸っ子だから引越しするわけじゃないですけれどね。なんで、江戸っ子は引越し好きだったんですか？」

「出世したり、商売がうまくいったりしてステータスが上がると、身分に応じた家に引越すのが成功した者の証《あか》し、みたいな感じでな。ステータス自慢なんだが、そういうのも江戸っ子の性格だったわけだ」

「出世ったって、さっきも言ったように順番ですからね。給料だってたいして上がるわけじゃないし、好きで引越すわけじゃないです」

「なんかあったのか？　ご近所トラブルとか」

「まぁ、そんなもんです」

「それは厄介だな」

「ええ。もうね、面倒臭いんで、引越そうと思ってるんですよ」

「でも、お前、今のマンション気に入ってたんじゃないの？」

「そうなんですけれどね……。家賃も安いし、立地がいいんですよ。私鉄沿線なんですけれどね、ターミナル駅からも徒歩二〇分で、まぁ、早い話が飲んで終電に乗り遅れても歩いて帰れる」

「それは重要だな。なんとかならないのか、ご近所トラブルは。一体どんなことだよ、話してみれば、なんか解決策があるかもしれないぞ」

「どうなんでしょうね」

「言うだけ言ってみろよ」

「その飲んで遅く帰ったのが、そもそものはじまりでね。うちのマンションの大家さんっていうのが一階に住んでいましてね」

「山本さん、昨日も午前様ですな。いけませんなぁ。まぁ、お仕事の付き合いというのもあるんでしょうが」

「あー、すみません。夜中にうるさかったですか？」

「いやいや、うるさいとか、そういう問題じゃないんですよね。なんと言いますかな、あなたおいくつですか。確か、二八歳。ええ。契約書にね、生年月日を書いていただいていますから知っていますよ。若いうちだから無理が利くと思っているかもしれないけれど、これがだんだん無理も利かなくなります。酒は飲むなじゃないが深酒はおよしなさい」

「親切な大家さんじゃないか。お前の体に気を遣ってくれてるんだ。今時いないぞ」

「今時いませんよ、あんな大家」

「ちょっとお節介かもしれないが、なんか言われるくらい右の耳で聞いて左の耳から出しちゃえばいいんだ。課長の小言と一緒だよ」

「ちょっとお節介どころじゃないんですよ」

「まぁ、深酒の件はともかく、やはりね、生活をきちんとしないといけないと、私は思いますよ、あのね、二〇〇メートル先に、私、２ＬＤＫのマンションも持ってるんです。今のマンションから、そっちに引越しませんか。広くて住みやすいですよ」

「別に今の１ＤＫで十分ですよ。なんなんですか？」

「いやいや、広いところに引越して、ついでに家族も増やしたらどうだという話です。ええ。奥さんをおもらいなさい。ちょうど、あなたにいい相手がいる。これが写真と釣書きです。ええ。お見合いの話ですよ。どうです、お見合いして、結婚して、２ＬＤＫのマンションに引越して。あっ、子供が出来たら、私、３ＬＤＫのマンションも持っていますから」

「いやー、人生丸ごと、大家さんが面倒見てくれるってわけか」

「そんなの嫌ですから。俺はもう引越します」

「でもさ、見合い写真は見たのか？」

「見ていませんよ。忙しいって逃げました。だから、毎日、大家が待ち伏せしている」

「まぁさ、引越してもいいけどさ、写真見てからでも遅くないんじゃないの？　人生、どこに縁が落ちているか、わからないからね」


落語に出てくる大家さんには親切な人が多い。

「たらちね」「不動坊」の大家さんは独身者に結婚相手を紹介してくれる。「長屋の花見」の大家さんは酒肴を用意して長屋の連中を花見に連れて行ってくれたりもする。ただし貧乏長屋で、家賃の滞る者も多く大家も金がない。酒だと思った一升瓶の中身は番茶で、肴の重箱は玉子焼きに見立てた沢庵と、蒲鉾《かまぼこ》に見立てた大根のコウコだった。

仲人が趣味で、店なんかやっていて顔が広く、いろいろな縁談を持ち込まれる人がたまたまマンションを持っていて、店子に独身者がいるからどうか、なんていう話は現代でもあるかもしれないが、花見に連れて行ってくれる大家さんはまずいないだろう。

なんで昔の大家さんはそんなに親切だったかと言うと、最低規模の行政責任者だったというのがある。主に戸籍を管理し、犯罪の通報なども義務だった。長屋から犯罪者が出たら責任問題にもなるから、独身者には妻、夫を世話したり、失業者には仕事を世話したりして生活を安定させるほうが安心だった。そうしたことも犯罪防止に繋がったのだ。その土地に古くから住んでいて商売をやっていたりして顔も広く、まさに地域のリーダーでもあったわけだ。

現代の大家さんに、地域のリーダーという意識はない。古くから住んでいて、町会長や民生委員、防犯委員なんかをやっている人はいるかもしれないが、皆が皆、そういう人ばかりではあるまい。別の土地にマンションを建てて管理会社に任せきりのオーナーもいる。だから逆に、同じマンションに大家さんが住んでいたら、なんか煙ったいかもしれない。挨拶と笑顔は欠かさずに、うまく付き合うほうがいいに決まっている。

落語「小言幸兵衛」あらすじ

小言が趣味の大家、幸兵衛の長屋に空き家がある。貸家の札を出しておくと、まず豆腐屋が借りにくる。近所に豆腐屋はないので貸してもいいと言う。もし近所に同じ商売がいれば競争になって共倒れになる。幸兵衛には規制緩和の概念はない。むしろ規制をして町内の平和を保つことを使命としている。だから小言も言うのだ。次に豆腐屋の家族構成を聞くと、夫婦で子供がいないと言う。これを聞いて幸兵衛は怒り、子供の産めない女房と別れろと言ったので、今度は豆腐屋が激怒、「惚れ合って一緒になった女房と別れろとはなんだ」と帰ってしまう。

次は仕立て屋がくる。丁寧なもの腰で、子供もいる。が、子供が年頃で男前と聞き、近所の古着屋に年頃の娘がいるから、心中されては困ると断わる。最後は花火職人がやってくる。

［おすすめCD］『昭和の名人 古典落語名演集 六代目三遊亭圓生 十四』（キング）

四、相互扶助の精神――「佃祭」

冠婚葬祭といった近所付き合いは、今はあるのだろうか。ある地域にはあるのかもしれないが、都市では確実に減っている。近所の人が亡くなれば掲示板に告知は出るが、わざわざ葬儀に出向くことはまずない。

昔は、葬式はたいてい家でやった。弔問客の応対なども一苦労で、近所の奥さん連中が台所なんかを手伝ったり、お米屋さんが受付をやったりした。なんでお米屋さんが受付をやるのか。お米は昔は決められた店でしか買えなかった。だから町内の人の顔は皆、お米屋さんが知っていた。おまけに商人だから算盤も達者。受付はお米屋さんをおいて他にはいなかった。

今は葬式は斎場で行うのが普通になった。離れているから弔問に行くのも大変なので、余程親しくなければ行かない。遺族が送迎バスを用意したりする場合もあるが、バスの時間にうまく合わせられるものでもない。

結婚式は、その家に新たに嫁なり婿なり、新しい家族がくるのであるから、当然近所へのお披露目も昔は行われた。今でも親族へのお披露目という意味はあるが、近所の人たちが呼ばれることはあまりないだろう。何も式に呼ばずとも、親しいところだけ挨拶に行けばいい。第一、嫁婿というのも商家でもあまりない。夫婦で独立して新居に住む場合のほうが今の時代は多いだろう。

会社とか趣味の仲間とか、そういう付き合いが主軸になり近所付き合いが希薄になると、何も祝儀不祝儀に近所を呼ぶ必要もなくなる。むしろ近所にプライバシーを知られたくない、というほうが強いのかもしれない。


「なんだこれは、タオルのセット？　熨斗《のし》紙に内祝って書いてあるけれど」

「あー、あなた、それね、熊沢さんのご隠居さんが持ってきたのよ」

「内祝って？」

「ほら、熊沢さんのところ、息子さんと二世帯住宅で、息子さんのところに子供が生まれたんだって。熊沢さんの孫ね。孫が生まれて嬉しくてしょうがないみたい」

「それで内祝を配って歩いているのか。でもさ、こういうのって、こっちがお祝いを贈って、そのお返しにくれるものだろう」

「そうなのよ。なんかお祝いを贈ったほうがいいのかしら」

「でもなぁ、今さらお祝い贈るって、かえって角が立ちそうだな」

「そうなのよ。熊沢さんは孫が出来て嬉しくて配っているのよ。別にお祝いが欲しくて配っているわけじゃないのよね」

「だったら、もらっといて、いいんじゃないのか。このタオルのセットだって、一〇〇〇円くらいのもんだろう?」

「でも、いいのかなぁ。品物をただもらうのって、なんか気が引けるのよね」

「赤ん坊が少し大きくなったら菓子でもやればいいんじゃない?」

「あなた、気が長いわね。何年先の話よ。それに今は、よその子供にお菓子なんかあげちゃいけないのよ」

「面倒臭いな」

「面倒臭いのよ、近所付き合いって。今のうちに一〇〇〇円くらいのお菓子買って、熊沢さんに持って行こうかしら」

「かえってよくないと思うけれど」

「どうすればいい?」

「お隣に相談してみたらどうだ」

「お隣?」

「熊沢さんは近所中に配ってるんだろう?」

「多分」

「お隣もどうしようかって迷っていると思う」

「なるほど」

「隣が持って行かないなら持って行かないでいいけれど。持って行くって言ったら、隣近所で一〇〇〇円ずつ出して、赤ん坊のモノを買って持って行く。そんなんでどうだ」

「あー、それいいかも」

「何事も隣近所と歩調を合わせておけば問題ないだろう」

「そうね」


「で、どうなった？」

「うん。結局、両隣とお向かいの二軒とうちの五軒で一〇〇〇円ずつ、五〇〇〇円集めて赤ちゃんの産着を買って届けたわ。熊沢さん、最初は恐縮していたけれど、カワイイの選んだんで、とっても喜んでくれたわ」

「まぁ、よかったな」

「それにしても、一〇〇〇円の出費は痛いわ」

「いいじゃないか、一〇〇〇円くらい」

「一〇〇〇円くらいって、家計を預かる主婦には一〇〇〇円は重要よ。だいたい、この間も会社の山本さんの昇進祝いで、今度は熊沢さんの出産って、お祝いでお金が出るばかりなんですけれど。なんか、うちがもらうことってないんですか？」

「もらったら、お返ししなくちゃならないだろう？　そのほうがタイヘンだよ」

「うまく逃げましたわね」

「逃げたわけじゃない。祝い事でお祝いをもらわない代わりに、病気のお見舞いももらわない。とくにいいことがなくても、悪いこともない。これが一番よくないか？」

冠婚葬祭の付き合いだけではなく、昔は近所付き合いの中に、「相互扶助」というのがあった。

保険のない時代。たとえば、一家の稼ぎ手が死んだり、怪我や病気になったら家族はどうするのか。一生面倒を見るわけではないが、当面のことは町内で面倒を見た。困っている時はお互い様、という相互扶助の精神である。そういう時は、出せる範囲で、たとえわずかでも銭を出すのが江戸っ子の心意気でもあった。自分が困った時には助けてもらうかもしれない。だから、他人が困っていたら放ってはおかない。

よく落語には田舎者が出てくる。笑いの対象としてバカにされる。何も田舎をバカにしているわけじゃない。言葉が訛《なま》るとか、動作が鈍いとか、そういうことを笑っているのではないのだ。では田舎者はどうして笑いの対象、しかも差別的な役回りを担わされるのか。

江戸時代は地方から労働に出てくる人が多くいた。彼らは肉体労働などで金を稼いで、いつかは故郷へ帰る。だから、近所で困っている人がいても相互扶助のコミュニティに入ることはない。早く故郷に帰るためには、余計な出費は控えたい。相互扶助も冠婚葬祭も金の出る付き合いはしないのだ。付き合いが悪い。他人が困っていても見て見ぬふりをする。それを江戸っ子はバカにしたのだ。

一つには、言葉が訛るなどで近所とコミュニケーションがとり辛いというのもあったのかもしれない。相互扶助や冠婚葬祭というシステムがあることを、コミュニケーション不足で知らなかっただけな場合もある。

やがて、田舎者の中にも、そうしたコミュニケーションが出来るような奴も出てくる。そうした付き合いをする者は、金を貯めて故郷へ帰るよりも、江戸の飯を食い、江戸の酒を飲み、そうした付き合いで人間関係を形成し、江戸で結婚し、子供を作り江戸っ子として暮らすようになることもある。

相互扶助では葬式というのもある。町内で葬式を賄う。落語の中には葬式を描いたものも多い。「黄金餅《こがねもち》」では、今月の月番と来月の月番が棺桶《かんおけ》を寺まで担いで行く。月番とは月交替の雑用係だ。棺桶ったって貧乏だから、菜漬けの樽だったりする。

また、通夜や葬式には町内の人たちが集まる。葬式には金が掛かる。町内の人たちの香典もありがたいが、悔やみの言葉にも価値がある。金だけじゃない、たった一言が遺族の救いになることもあるのだ。

落語「佃祭」あらすじ

佃島に祭りの見物に行った治郎兵衛が最終の渡し船に乗ろうとしたところ、一人の女に袖を引かれ止められる。女はかつて吾妻橋の上で身投げをしようとしたのを治郎兵衛に助けられた過去があった。今では佃島の漁師に嫁いで幸福に暮らしているという。礼がしたいという女の言葉に、治郎兵衛は女の家で酒肴をご馳走になる。そこへ、最終の船が沈没して乗っていた全員が死んだとの知らせが入る。治郎兵衛は命拾いをした。

一方、治郎兵衛の家では、治郎兵衛が死んだと思い、通夜が行われている。翌朝、死んだはずの治郎兵衛が帰ってきて大騒ぎになる。

商家の葬式風景と同時に身投げを助ける治郎兵衛の優しさが描かれる。そうした善行が治郎兵衛の命を救った、まさに「情けは人のためならず」である。

そして、治郎兵衛の真似をして、落語でおなじみの与太郎が人助けをしようと身投げを探して歩き回るのだが。

［おすすめCD］『落語名人会19　三代目古今亭志ん朝』（ソニー）

五、ご近所トラブル回避の秘訣――「風呂敷」

ご近所トラブルは起こさないに越したことはない。家は安らぐ場所。そこでトラブルを引き摺《ず》っていては、とてもじゃないが安らげはしない。家とその周辺は平和でなければなるまい。でも万一、ご近所トラブルが起こってしまったらどうするか？　早期解決しかあるまい。こちらに非があれば謝ってしまうというのもあるが、相手に非がある場合もある。

何度注意しても夜中の楽器演奏を止めないとか、家の入り口に車を停める、犬がウンコをして放置する。いや、向こうにも言い分はあるんだ。夜中じゃないよ、一〇時には楽器の演奏は止めるようにしている。興が乗って、たまに過ぎることもあるかもしれないけれど、だいたい一〇時には止めている。車は道が狭いんだから、ちょっとくらい出っ張っても文句言うことはないだろう。お互い様じゃないか。それに来客の時にしか停めてないよ。犬がウンコするのは当たり前だ。お前はウンコをしないのか。

言えば喧嘩になるから。それでも意を決して、慇懃《いんぎん》に注意しても、相手は自分に非があるから、凄く怒られた気分になる。口では「申し訳ありません」と言っても心の中では「なんだよ、そんなに怒らなくてもいいじゃないか」。

そうして、一事が万事、気に障るようになる。

黙っていてもストレス、なんか言えば恨まれる。隣だって、何もトラブルを起こしたいわけじゃないんだ。

どうしたらいいいんだ？

「先輩、俺、やっぱり引越そうかと思うんです」

「おい、山本、まだ大家さんが縁談すすめるのか？」

「あー、その件は先輩のアドバイスで片付きました。遠距離恋愛の彼女がいるって言ったらね、そういう人がいるなら早く言いなさいって、あっさり諦めてくれたんですがね」

「ほう、そんなんでうまくいったか。で、まだ、なんかあるの？」

「ご近所トラブルっていうんですか」

「どうしたよ」

「うちの上の階の部屋の奴が、最近ドタバタドタバタ、うるさいんですよ」

「ふーん。小さい子供でもいるのか？」

「いや、独身の男みたいなんですけれどね」

「筋トレでもしているのか」

「何やっているかはわかりませんよ」

「で、注意はしたのか？」

「しませんよ。どんな奴かもわからないし。逆ギレとかされたら怖いじゃないですか」

「意外と弱いな」

「相手がどんな奴かわからないんですよ」

「だけど、言わなきゃ何も解決しないぞ。先延ばしにしていると言い辛くなるし、早く言ったほうがいい。とりあえず何やってるかだけでもわかると、まぁ、そういうことなら我慢しようってことになるかもしれないけれど、ただガタガタうるさいと気になってしょうがないだろう」

「もう面倒臭いから、引越したほうがいいかと」

「よく考えろよ。お前が言う通り、相手はどんな奴かわからない。もしかしたらいい人かもしれないし、下の部屋に音が響くなんて気づいていないだけかもしれない」

「確かに」

「だから、注意すれば気がついて止めるってこともあるだろう。自分で言うのが嫌なら、それこそ、大家さんに言ってもらったらどうだ？」

「えーっ、もうあの大家さんと関わるのも面倒ですよ」

「まぁ、でもさ、そういう時に頼りになるのは大家さんだよ。言うだけ言ってみたらどうだ。お前が言ったら角が立つかもしれないけれど、大家さんが言えば相手も聞く耳を持つだろう。亀の甲より年の劫《こう》だしな」

「わかりました。大家さんに聞いてみます」


「先輩、先輩」

「おう、山本か。どうだったよ、上の階の件」

「それなんですがね」

「うん」

「大家さんに感謝されちゃいましたよ」

「なんだ？」

「うちのマンション、住宅としてしか使っちゃいけないって契約なんですけれどね、上の階は内緒で通販かなんかの会社やってたらしいんです。で、荷物なんか運び込んで、ドタドタとうるさかったらしいんです。大家さんが見に行ったら、ちょうど、荷物を運び込んでいるところでね」

「うん、そんなことだろうと思ったよ。相談してよかったろう？」

「ええ。上の階が引越すことになりました」

「今回はそんなことくらいだったからいいけれどな、普通じゃないような音がして、理由がわからないと、何か犯罪絡みかもしれないからな」

「脅かさないでくださいよ」

「ない話じゃないからな。都会では何が起こってもおかしくないだろう？」

「確かに」

「だから、近所との対話も大事だしな。別にそんなに親しくしなくても、どんな人か、顔と名前くらいは知っていたほうがいいんだ。日頃から顔を知っていれば、ご近所トラブルも未然に防げる場合があるしな。で、どうしてもトラブルに巻き込まれた時は、両方の顔を知っている第三者に仲介を頼むほうがいい。賃貸マンションだったら大家さんとかな」

「うちの大家さんはお節介だから相談に乗ってくれましたけれどね、他のマンションだとなかなか相談には乗ってくれませんよ」

「大家じゃなくても、管理会社とかな。うっかり犯罪に巻き込まれたら、そんな部屋は次の借り手がつかなくて大家や管理会社も困るから、適切に対処はしてくれるはずだ」

「なるほど」

「何もなければそれでもいいしな」

「先輩の家は一戸建てでしょう。近所とトラブルになったらどうするんです？」

「まぁ、そうならないように、気は遣っているよ。一戸建ては一戸建てで案外タイヘンなんだぜ」

「うーん、ますます家庭を持つのが厄介に思えてきましたよ」

ご近所トラブルが起きたら、誰かに間に入ってもらうというのは、案外早い解決方法かもしれない。

その時についつい自分の味方をしてくれそうな人に頼みがちだが、それではいけない。味方を連れて大勢で文句を言いにきた、と思われては、かえって関係がこじれる場合がある。

なるべく中立で客観的な人がいい。

賃貸なら大家さんや管理会社の人がいいだろう。あくまでも中立にお互いの話を聞いてくれる人に頼み、相手の家に行くのではなく、大家さんの家か管理会社の事務所にお互いが出向き、話し合うという形にしたほうがいい。一方的に訪ねて行くと、相手の都合もある。忙しい時にこられて、こっちの都合だけを言うのは、相手の気分を害し、相手が聞く耳を持たなくなる。「忙しいから」と追い返される場合もあり、話に応じてもらえず、こっちもそのことで腹を立ててしまうことだってある。大家さんや管理会社に呼ばれれば、出てこないということはないだろうから、話し合いもスムーズに行われるだろう。

戸建ての場合でも、町内の役員のような人を間に立てたほうがいい。ただ、大家さんと違い直接の利害関係がない場合は、余計なことに関わりたくないと、断わられることもある。その時は、町内の役員は一人ではないから、別の誰かに頼んでみるといい。役員でなくても、それこそ、お米屋さんや床屋さんなど、お互いの顔を知っていて、公平な立場でものが言える人がいいだろう。何人かはお節介な人がいるものだ。

昔なら「兄貴」とか「親分」と呼ばれて、揉め事があると自ら出てきて解決するようなお節介な奴がよくいた。「親分」と呼ばれていても、やくざではない。火消しとか、ちょっとした職人たちの頭《かしら》で、皆から頼りにされていることを名誉に思ったりしている人物だ。

そういう人は腕力や知恵があるだけではない。お互いの顔を立てるという術《すべ》を知っている。今はそういう人はいないが、いると便利か、かえって面倒臭いのかは、よくわからない。

落語「風呂敷」あらすじ

長屋のかみさんが一人でいると、亭主を訪ねて顔見知りの若い男が訪ねてきた。亭主は遠方に出仕事に行って帰らないので、「まぁ、お茶でも飲んで行きなさいよ」と、かみさんは若い男を家に上げて、二人で茶を飲みながら世間話をしていた。

そこへ亭主が酔って帰ってきた。余計な焼き餅を焼かれて、しかも酔っているから、誤解から暴力沙汰になったら面倒だと、かみさんは若い男を押し入れに隠した。亭主が寝たら男を逃がそうと考えたのだが、亭主は寝ないで、押し入れの前に座って酒を飲み出した。驚いたかみさんは、町内で「兄貴」と呼ばれている男に助けを求める。

果たして兄貴は若い男を押し入れから逃がすことが出来るのか。

[おすすめCD]『昭和の名人 古典落語名演集 五代目古今亭志ん生 三』(キング)

第三章　会社の人間関係

上司がいて、同僚がいて、部下がいて、得意先がいる。複雑な職場の人間関係は今も昔も変わらない。そんな職場の人たちとは一体どうやって付き合ったらいいのか。

会社は選べても上司や部下、同僚は選べない。いい上司にめぐり合えれば気持ちよく仕事が出来るが、嫌な上司だと会社に行くだけでも気分が悪くなる。いい上司は、引き上げてくれたりもするが、悪い上司、あるいは悪い部下に足を引っ張られる、なんていうこともあるかもしれない。それも運不運と諦めて、自分の仕事を一生懸命やるだけ、と腹を括《くく》ればいい。あるいは会社はただの飯の種、仕事そのものが我慢するものなんだから、別に会社の人間関係なんてどうでもいい。それも我慢のうちだよ、という考え方もあるだろう。

だが、果たしてそれでいいのか。人生のうちで、仕事はやはり大半を占める大事なものだし、そこで成果を残してこそ、「いきがい」にも通じるとしたら、やはり、職場での人間関係は重要ではないか。

別に職場に限らず嫌な奴はいる。日常生活なら「付き合わない」という選択肢もあるが、職場ではそうはゆかない。また、人間的にいい人でも、仕事になると、ちゃらんぽらんな人もいる。部下に厳しい上司が仕事にも厳しい誠実な人かもしれない。前にも書いたが、人間なんて一面だけで捉えてはいけない。馬には乗ってみろ、人には添ってみろで、嫌な奴でも相手の懐に飛び込めば、真実が見えることもある。案外いい人かもしれないし、ホントに嫌な奴かもしれない。対処法はそれをわかった上でも遅くはない。

一、サラリーマンは「NO」と言うべき――「愛宕山」

職場に関しては、業種や職務によっても違うから、一概には言えない。

時には、「無理」や「無茶」をしてでも「成果」を出さなきゃならないこともある。「無理」や「無茶」の中にはダーティなこともあるかもしれないし、身を削ってでもやらなきゃならないことだってある。そういうことがあるということは決して否定はしない。だから、報酬に繋がるし、それが「やりがい」ということもある。

問題なのは「無理」や「無茶」が恒久化してしまうことだ。今回無理をして一〇〇の成果が出た。次はさらに無理をして一二〇の成果を出そう。人間の欲というか、企業の利益追求は果てがない。無理をすることが当たり前になるとどうなるのか。人間は疲弊し、頑張っても頑張っても楽にならない。無理はいつかは破綻するのだ。

それがわかっていても、無茶ぶりをする上司はいる。あるいは、部下を私用に使ったりする上司もいないわけではない。私用に使うのもコミュニケーションのうち。それは言い訳だろう。それでも上司に言われると、なかなか「NO」とは言い難い。査定に響く。また無茶ぶりをする上司に限って、まわりをYESマンで固める人が多い。

第一、上司だって、そのまた上司から言われているんだから、「無理して頑張れ」が会社の方針なら従うしかあるまい。なんとか反論しても、「黙って言われた通りにやれ」と言われる。しかし、ここで立ち止まって考えることも大事だ。黙って言われた通りにやっていいのは、せいぜい入社三年までだ。言われた通りにやったとしても責任は生じるんだ。


「沢田君、ちょっと帰りに一杯飲まない？」

「すみません。明日、朝が早いもので」

「そうですか。じゃ、また今度」

「失礼します」

「おい、山本、一杯飲まないか？」

「先輩、一杯だけなら付き合いますよ。明日、朝早いもので」

「お前もかよ。なんか用があるのか？」

「それがですね。いや、おべっか野郎と思われると嫌なんですけれどね」

「なんだよ」

「黒木専務の新居の引越し、手伝いに行くんですよ」

「なんだ、そりゃ」

「先輩は頼まれなかったんですか？　なんか若手社員、皆に声掛けていたみたいで」

「俺は頼まれなかったけれどな。まぁ、頼まれても断わったけれど」

「あれ、先輩、出世は諦めた？」

「諦めてないよ。ただ、今時、社員を私用に使うってどうよと思ってな。社員は家来じゃないんだから」

「先輩、言い方は立派ですけれどね、実際に黒木専務から声掛けられたら断われないですよ。会社の実力者ですよ。黒木専務としては、自分への忠誠心みたいなものを試したいんじゃないですか？」

「かもしれないが、幸い俺は声掛けられていないしな」

「一〇人くらい手伝いに行くみたいですよ。沢田さんも声掛けられていたなぁ」

「なんだよ、沢田は俺の誘いは断わっても専務の手伝いには行くのかよ。まぁ、仕方ないか。山本、せいぜい働いてこいや。今日は早く帰れ。明日遅刻したらタイヘンだろう」

「すみません。そうします」


「会社の愚痴か。まぁ、サラリーマンいろいろあるからな。話して済むことなら聞いてやるぞ」

「吉田、悪いな」

「お互い様だよ。で、なんだ？　へーっ、今時、そんな私用で社員を使う重役なんているんだね。あっ、でも大企業でも社宅なんかに住んでいると、日常的に部下を私用に使う上司もいるらしいぜ」

「困ったものだな。仕事とプライベートは使い分けてほしいものだよ。上司もモラルを持ってほしいもんだ」

「モラルがないのは上司だけじゃない。会社だよ」

「会社？」

「三年くらい前かな。うちの会社で、残業ゼロ運動っていうのが起こってさ」

「それも今の流れだろう。勤務時間を短くして、自分や家族との時間を持つようにしましょう、という」

「だが、残業しないと業務が追いつかないのも事実だ。そこで残業は週五時間以内、まぁ、一日一時間程度は仕方がないとされたんだが、そんなもんじゃ追いつかない。だが、規則だからっていうんで、会社側は週五時間しか残業は認めない、それを超えた分の残業代は払いませんよ、と言ってきた」

「サービス残業の強制かよ」

「ちょうど経営が苦しい時だったんで、もともと人件費抑制のための残業ゼロ案だったようだ」

「どうしたんだ？」

「社員の意見は二分したよ。そんなものは認められない、という意見の一方、会社が苦しいんだ、倒産したら元も子もないからここは我慢しよう、という者も案外多かったんだ」

「上司に言われて渋々といったところじゃないのか。お前はどうしたんだ？」

「もちろん、そんなのは認められないって抗議したよ。そしたらさ、上司に泣かれた」

「泣いた？」

「俺だって上から言われて仕方なしに言ってるんだって。俺の気持ちもわかってくれって。俺は言ったよ。只《ただ》働きさせられる部下の気持ち考えたら、上に抗議するのが上司でしょうって」

「ホントに言ったのか？」

「言おうと思ったけれど、言えなかった。世話になった上司だしな。半年くらいサービス残業が続いて、社員の士気が落ちてますます業績悪化。経営陣退陣でサービス残業はなくなって、世の中の景気回復もあって業績は上がったが。あの時泣いた上司もいなくなったよ」

「おかしいことには、おかしいって、言える空気がないと駄目だと俺は思うがな」

「そうはゆかないのが会社でもあるな」


落語には幇間《たいこもち》、というのが出てくる。幇間はお客の命令には絶対服従、白いものでもお客が「黒」と言ったら「黒」と言わねばならない。落語では絶対服従で失敗する幇間が描かれる。

サラリーマンは幇間ではない。でも上司の命令にはなかなか逆らえない。白いものでも上司が「黒」と言ったら「黒」と合わせておいたほうが職場の軋轢《あつれき》を生まずに済む、という考え方もないわけではない。

だが、無茶を強いたり理不尽なことを言う上司はいる。「YES」と言っていれば無難かもしれないが、それが自分にとって不利益になることもあれば、間違っていることをそのまま「YES」で通したら、むしろ会社が不利益を蒙ることもある。

何もすべてに「NO」と言えと言っているのではない。無理なことを「はい」と言って結果出来ないことのほうが問題で、出来ないことは出来ない理由を説明して、「NO」と言う。あるいは、あきらかに、よくないこと、誤魔化しや卑怯なやり方には、「おかしいんじゃないですか」と言うことも必要だ。上の人に言われたから仕方がない、は通らない。自分が納得すればいいが、自分が納得出来ないことはとことん議論すればいい。お互いに理解を得ることが大事だと言っているのだ。「NO」と言わないまでも、無条件に「YES」と言わない。「無理」や「誤魔化し」なんて決して長続きするもんじゃない。

でもなかなか「NO」とは言えない。「NO」と言わせないために、上司は査定をちらつかせたり、大きな声を出したりする。そんな時はどうするか。やはり仲間だ。同僚に同意を求める。上司に直接「NO」と言わず、同僚に「これ、おかしいと思わない?」とふる。同僚同士で検討しているのを見て、上司も考えを変えるかもしれない。やり方は他にいくらもある。おかしいとか理不尽とか思った時は、まず立ち止まってみることだ。

落語「愛宕山」あらすじ

旦那を喜ばせるためなら、命がけで道化を演じる。そんなプロフェッショナルな幇間の話だけれど、こいつはちょっとやり過ぎで、その破天荒さが極めつきに面白い一席。

上方《かみがた》見物に出掛けた旦那が、江戸から連れてきた幇間の一八と、上方の幇間、繁蔵、それに芸妓を大勢連れて京都の愛宕山に登る。今で言うハイキングだ。途中、かわらけ投げという遊びに興じる。茶店でかわらけ（土器）を買って、向こうの山の的に投げる遊びだ。旦那はかわらけを投げてもつまらないと、小判を投げるが、小判は飛ばず全部谷底に落ちてしまう。「拾ったらお前にやる」と言われた一八は、茶店の傘を手に、谷底へ飛びおりる。なんとか無事着地した一八は小判を拾うが、ふたたび崖の上に登る方法がない。しかもこのあたりの谷には狼が出る。「狼に食われて死んじまえ」と叫ぶ旦那。さて、一八はどうするか。

【おすすめCD】『落語名人会3　三代目古今亭志ん朝』（ソニー）

二、嫌な上司や同僚と仲良くなる方法――「不動坊」

どこの世界にも嫌な奴とか、気が合わない奴というのはいる。

意地悪な奴で、嫌がらせをされた、とかなら徹底的に戦うのもアリだ。おそらくそういう奴は他の人にも意地悪だから、ともに戦う同志はすぐに集まる。皆でやっつければいい。

だがなかなかそうもいかない。人間関係は円満にしたい。とくに会社の人間関係はね。相手が上司だったら、なおさらだ。しょうがないよ。我慢するしかない。うわべでニコニコ笑っていればいいんだ。

仕事をすればいい。なんか悪口を言われたら、右の耳で聞いて、すぐ左の耳から出しちまえばいいんだ。どうしても我慢が出来なければ、会社の帰りにバッティングセンターへでも行けばいい。「バカ野郎」って怒鳴ってバット振って、明日また笑顔で接する。ストレス溜まるね。

意地悪されなくても、なんとなく虫が好かない奴っていうのもいる。そいつの顔を見ているだけで気分が悪くなる奴。もしかしたら、ちゃんと向き合って付き合えば、いい奴かもしれない。でも、そのきっかけさえ摑めず、しょうがないから、なるべく口を利かないようにしているんだけれど、やはり職場の上司、同僚だと、そうもゆかない。

上司は選ぶわけにはゆかない。上司も同僚も部下も、選ぶわけにはゆかないんだ。部署が替わっても、どっちかが辞めない限り定年まで会社にいる。嫌な奴は廊下ですれ違うだけでも気分が悪くなる。

我慢して付き合えばストレスが溜まる。といって、ぶん殴るわけにもいかない。会社辞めちゃうか。いや、どこに行ってもそんな奴はいるんだ。だから、うまく付き合う方法はないものかね。


「係長、お話があります」

「君は新入社員の北村君だったね。仕事は慣れた?」

「あっ、はい。いいえ」

「どっちだよ」

「仕事は慣れたんですけれど、会社を辞めたいと思いまして」

「あー、そう。短い付き合いだったけれど、次の仕事頑張って。じゃ」

「えっ、引き止めないんですか」

「引き止めないよ。折角入った会社、半年経たずに辞めるというんだ。何か余程の理由があるんだろう。親の介護か、転職か、結婚か知らないけれど、君の人生だ。僕たちとは縁がなかった。残念だけれど仕方ない。頑張ってね」

「えー、あのですね、理由くらい聞いてくれないんですか?」

「聞いてもいいけれどさ、別に力になれないから」

「聞いてもいいなら、力になってくれなくてもいいから聞いてください」

「わかったよ、聞くよ。なんだ、どんな理由で辞めるんだ？」

「会社にどうしても虫の好かない奴がいるんです」

「あー、そう。君はいくつだっけ」

「二三歳です」

「二三歳にもなって、虫が好かない奴がいるから辞めます、で通ると思っているのか。味噌汁で顔洗って出直してこい！」

「そ、そんな言い方しなくても……」

「いいか、よく聞け。会社は君の採用にいくらお金を掛けてると思ってるんだ。総務が何度も大学に行って、就職担当と打ち合わせして、募集広告出して、選考して。いろいろな人とお金を掛けて、それで君が選ばれた。家庭の事情なら止めないよ。親の介護とか、結婚して相手の稼業を継ぐとか、皆、事情はあるから止めない。だが、虫の好かない奴がいるなんて小学生レベルの理由で辞めるなんて問題外だ。どうしても辞めたいなら止めない。そんなことで辞める奴はこの先いても見込みがない。お辞めください。だけど自分で考えろ。君が辞めることで、この会社に一体いくらの損を掛けるのか。また、君が採用されたことで不採用になった学生もいるんだ。そいつらになんて言うか。もう一度考えてから来い！」

「ウエーン」

「バカ、泣くな。俺が泣かしたみたいじゃないか」

「最近の若い奴はしょうがないなぁ、と言いたいけれどな」

「吉田、どう思うよ」

「なんだよ」

「俺にも覚えがあるんだよ。どうしても嫌な奴がいてな。虫が好かないというかさ。ずっと無視していたら。その時の上司が気づいてな。『お前が歩み寄れ。話してみたら、なんか共通点があるはずだ』と言われて。しょうがないから、ある日、そいつを飲みに誘った。そいつ、なんて言ったと思う。『誘っていただいて嬉しいが、今日はワイフのバースデーなもので』」

「はぁ？」

「なっ。かみさんの誕生日じゃない、ワイフのバースデーって言いやがったよ。それ聞いて、憑き物が落ちたね。そいつは俺の中で、好きとか嫌いじゃない、なんか別のモノになったね。以後、普通に話はしているよ。世間話はしないけれどな。価値観が違う。だけど、とりあえず仕事に支障はない」

「いろんな奴がいるな」

「俺の上司は、人間には共通点がある、趣味とか、出身地とか、出身校とか、見ているテレビ番組とか、なんか共通点があると話すきっかけになるし、共通点の部分で共感できれば、他にも共感出来るところがあるんだって言っていた。営業にも活かせるって言っていたな」

「なるほど。確かに営業では出身校や出身地が一緒だと話をするきっかけにはなるよな。営業で培った交際術だな。だが、それでは嫌いな奴とは仲良くなれない」

「そうだよ。嫌いなものはしょうがないよ。結局、どこまで我慢が出来るか、だよな」

「結局、我慢しろか。あんまり言いたくないよな。得意先ならともかく、仲間だぜ。仲間に嫌な奴がいるのを我慢しながら仕事しなくちゃいけないのは辛いだろうな」

「ふふふ」

「何がおかしいんだ?」

「いや、何。そいつに我慢しろと言えないくせに、お前がそいつに我慢しているからさ」

「おいおい。まぁ、今は我慢だけれどな。奴はきっと成長してくれると思っているよ」


職場の嫌な奴と仲良くする方法、実はいろいろある。

子供の頃を思い出してみればいいんだ。小学生の頃、昼休みに、「皆でドッジボールしようぜ」。その中に一人二人嫌いな奴がいてもさ、ドッジボールはやりたいから、やるでしょう?やっているうちに、嫌いな奴の存在なんてどうでもよくなっちゃうんだよ。そういうもんじゃない?

中学、高校になると、部活とか共通の目的があると、仲良くなれたりする。いや、運動部なんかで、選手か補欠の境目にいたら、仲のいい奴でも嫌いになる。おいおいおい、それはケツの穴が小さいぞ。よきライバルこそが良き友にもなれるんじゃないか。同じ苦労をすれば少なくとも気持ちは理解し合える。まぁ、それは一般論、そうならない場合もある。

究極の方法は、なにか秘密を共有することだ。人に言えない、悪事を共有すれば、必然的に仲良くなれる。子供の頃というのはそういうことで、なんか悪戯をするとかね。中学、高校だったら、エロ本のまわし読みとか、女子更衣室のぞきとか。悪事の結束は案外固かったりするものだ。悪い例だけれど、共通の目的があれば、人は仲良くなれる。一時的でも結束すれば、あとはそんなに嫌いではなくなる。

大人はなかなか悪事の共有は出来ない。でも、腹を割って話をすることは出来る。「俺、実は○○課長のこと嫌いなんだよ」、あるいは「総務の××ちゃん、カワイイと思わない？」でもいい。大きな声で言えないことを、ポロッと言ってみる。「えっ、俺もだよ」となる場合は多い。そんな程度のことでも同じ意識を共有することになるだろう。

人には良いところも悪いところもあるんだ。悪いところに人間味があり、自分にも同じ思いがあれば相手を少しは理解出来る。

落語「不動坊」あらすじ

不動坊火焔という講釈師が旅先で死んだ。不動坊には借金があり、女房のおたきが返済を迫られる。おたきが大家さんに相談するに、大家さんは長屋で小金を貯めている吉五郎におたきとの再婚をすすめ、借金の肩代わりを頼む。もともとおたきに岡惚れしていた吉五郎は大喜び。この縁談を受ける。ところが、鍛冶屋の鉄、披露目屋（チンドン屋）の万、すきかえし屋（紙のリサイクル業）の徳の三人もおたきに岡惚れしていた。何故吉五郎だけがいい思いが出来るんだ、と怒る。三人は売れない噺家を雇い不動坊の幽霊を演じさせ、縁談を破談にしようと企む。

情けない男たちの未練タラタラ、男の嫉妬の執念深さとみじめさをバカバカしく描いた話だ。情けなさの極みをつきつめて三人が結束する。

［おすすめCD］『五代目柳家小さん名演集』（ポニーキャニオン）

三、豊臣秀吉に学ぶ部下の掌握術――「長短槍試合」

会社に入って一、二年は、上司に言われたことを我武者羅《がむしゃら》にこなして毎日を送る。なにか失敗しても怒られるだけで、たいていは許される。そして、三年くらい経つと責任のある仕事を任されるようになる。こうなると、失敗は許されないが、それなりのキャリアを積んでいるからそうそう失敗もしないし、対処方法も身についている。そうしてさらに数年経つと、仕事の規模も大きくなり、アシスタントが付いたり、何人かの部下を動かして仕事をするようになる。

そうなると問題なのは、人の使い方だ。自分でエキスパートを集めてチームを作るわけではない。部下の中には新人もいたり、能力の劣った人もいたりする。

部下を任されるだけあって、自分にもそれなりの能力があるから、部下の仕事を見ていると、「なんでこんな仕事に時間が掛かるんだ。俺なら一時間でやってしまうのに」と苛々したりもする。だが、「お前は駄目だ。こっちに貸せ」と自分が出しゃばるようでは、上司としては失格だ。自分のチームを把握し、適材適所の人員配置、出来ない人にはサポートを付けたり、それでなおかつ気持ち良く仕事が出来る環境にも配慮し、って、なんでそこまでやらなきゃならないんだ。自分の上司はそこまでしてくれていないだろう。果たしてどうなんだろう。

なんにしろ、チームの成果が自分の評価になる。だったら、チームの力を底上げしなくてはならない。そのためにはどうしたらよいのか。


「おい、お前もきたのか」

「なんだ、竹田か。お前も管理職研修か」

「お互いタイヘンだな。しかし、こんな研修、なんの役に立つんだろうな」

「今日の講師は歴史の先生で、豊臣秀吉に学ぶ人事掌握術だって。なんか面白そうじゃないか」

「面白くはないよ。豊臣秀吉が木下藤吉郎という足軽だった頃、殿様の草履を懐に入れて温めていたとか、そんな話だろう。おべっか遣いのやり方を教わってどうするんだよ」

「その話なら知っているよ。おべっか遣いというか、やっぱり気配りになるんじゃないか？寒い冬の日だ。草履が冷たいより温かいほうが殿様だって気分がいいだろう」

「お前、トイレのスリッパが温かかったら気持ち悪くないか？」

「スリッパは気持ち悪いかもしれないが、便座は温かいほうがいいな」

「確かに。でも、今の秀吉の話は、よく言えば気配りだが、度の過ぎたおべっかにしか見えないよ。ごますり野郎を見習えって言われてもな」

「でも、ごますりは大事だぞ。それで殿様が気分が良くなってくれれば万々歳。我々だって、上司が気分良く仕事してくれれば、いろいろと助かるよな」

「そら、そうだがな」

「あと部下にだって。部下にも気分良く仕事をしてもらわないとな」

「お前らしいな。でもな、部下にはある程度は厳しい顔を見せないと舐められるぞ」

「舐められるって不良の喧嘩じゃないぞ」

「そうじゃないよ。前に俺の部下でいたんだ、なんでも自己流でやりたがる奴がな。確かにそこそこの成績も上げているから、何も言わずにいたんだけれど、やはり自己流では限界があってな。あるところから上の成績にならない。躓《つまず》くといろいろ粗《あら》が出て、今までうまくいっていたことも駄目になる。そこではじめてアドバイスをしたんだが、奴は今までうまくいっていたから、自己流のやり方を変えない。結局そいつは自分から会社を辞めたよ。最初から厳しく会社のやり方を教えておけばよかったたって後悔した。俺の失敗談だ。俺が舐められるとかって話じゃない。奴は仕事を舐めてかかって、俺たちのアドバイスを聞かなかったんだ。あいつ、転職しても自己流を通して、また失敗するんだろうな」

「まぁ、でも別の会社がそいつに合っているかもしれないしな」

「なるほどな。豊臣秀吉だって、最初は今川義元に仕えてうまくいかなくて辞めて、織田信長に仕えて出世したんだからな」

「秀吉の気配りは、今川の殿様にはお気に召さなかったのかなぁ」

「そういうわけじゃないんだけれどな。秀吉は今川義元に仕えていたんじゃなくて、今川義元の家来の松下嘉兵衛に仕えていたんだ。ある日、主人の松下嘉兵衛が戦場で手柄を立てたのに、今川義元が認めてくれなかった。それを見て、秀吉は今川に見切りをつけて、織田に行ったと言われているな」

「なるほど。部下の手柄を適切に評価しない上司を見限ったというわけか」

「そういうことだよ。駄目だと思ったら見限るのも早い。結果、今川義元は織田信長に敗れて、今川家が歴史の表舞台から消えたわけだ」

「お前、歴史詳しいね」

「本で読んだだけだよ」

「秀吉っていうのは人を見る目はあったのか？」

「どうだろうな。ただ、部下にはどんどんチャンスを与えている。加藤清正とか、福島正則とかな、若手をどんどん登用した。二〇代でも優秀な人材は大名にしたりしている」

「なるほどね」

「あるいは元は敵だった人でも優秀な人物は登用している。元は織田家で秀吉の上司でもあった佐々成政《さっさなりまさ》、この人は柴田勝家や徳川家康に味方して秀吉と戦った敵だったが、九州征伐のあと、肥後の大名に抜擢している」

「やはり人事に優れていたのか」

「ところが、肥後の統治に失敗して、佐々成政は切腹させられてしまう」

「それは酷いな」

「戦国時代だ。失敗は許されない。佐々成政が切腹させられて、あとを任されたのが加藤清正で、自分も失敗すれば命がないから一生懸命やるだろうよ。清正たち若手は、戦々恐々としながらも成果を上げていった。厳しさで人を育てるっていうのもあるんだよ」

「飴と鞭の人事か」

「でもそんなのは今の複雑な時代には通用しないだろうな。いや、秀吉の時代だってそうだよ。秀吉は天下を統一したけれど、結局、豊臣家は次の代で家は潰れてしまったんだ。それは、いい家来、家を支えるリーダーをきちんと育ててなかったということだろう。加藤清正や福島正則のような武将、優秀な営業マンは育てたが、経営者を育てられなかったということだ」

「なるほど。先生の話聞くより、竹田の話のほうがためになるな」

「よせよ」


豊臣秀吉の生涯を描く「太閤記」に「長短槍試合」がある。

ある日、織田信長が「短槍と長槍はどちらに利があるか」と家臣に問うた。槍術指南の上島《うわじま》主水《もんど》という者が、機動力のある短槍に利ありと言った。これに異を唱えたのが、一番下座に控えていた下っ端の武士、木下藤吉郎。そこで藤吉郎と上島が五〇名ずつ足軽を指揮し、長槍、短槍で試合をすることとなった。

上島は短期で足軽たちに槍術を仕込もうと猛特訓をする。一方の藤吉郎は足軽たちを酒食でもてなす。上島配下の足軽たちは連日の猛特訓でくたくたに草臥《くたび》れ、何人かは足腰も立たない。一方の藤吉郎配下の足軽たちは酒食ですっかり上機嫌。藤吉郎を信頼し士気が上がる。戦いは藤吉郎の圧勝だった。主水は恥じて逃亡するが、のちに隣国の間者（スパイ）だったことがわかる。

実はこの話は眉唾。というのも信長は早くから長槍に利があると考え、織田軍団の中に長槍部隊を設けていた。信長と斉藤道三の会見の時も、信長は長槍部隊と鉄砲部隊を率いて現れ、道三を圧倒したという。

このエピソードは、部下に厳しいだけでは成果は出せない。部下を酒食でおだててでも士気を上げる秀吉の人事掌握術を伝えている。

他にもさまざまな教訓がある。

槍術師範、つまり槍の専門家の上島が「短槍に利あり」と言った言葉にあえて異を唱える。つまり目立とうと思えば、正論を覆さなきゃ駄目だ、とか。またこの頃の藤吉郎はまだ下級武士で、部下たちを酒食でもてなす銭もたいしてなかった。それでも、無理をして銭を工面し酒食を用意した。出世をするためにはそれなりの先行投資をしなければならない。

講談のネタには学ぶべきものも多い。

講談「太閤記」あらすじと演じられる名場面

豊臣秀吉の生涯を綴る講談「太閤記」は、昔は連続で語られた。昭和のはじめ頃までは「太閤記」読みの講釈師というのがいて、「太閤記」しか読まなかった。しかも、秀吉の誕生日の一月一日に「秀吉誕生」ではじめて毎日続きを読んでゆき、大晦日に「秀吉の死」で大団円。つまり「太閤記」を三六五席持っていたということだ。ホントかね。

よく演じられているのは、本文中の「長短槍試合」の他は、蜂須賀小六との出会いを描く「矢作《やはぎ》橋」、今川家を出奔したのち、謎の易者と出会い、藤吉郎との奇妙なやりとりが面白い「藤吉郎と安国寺《あんこくじ》恵瓊《えけい》」、藤吉郎が士分となり藤井又左衛門の娘、寧《ねね》を嫁にする「間違いの婚礼」、信長が死んだのち柴田勝家らと対峙する「清洲会議」などがある。

他にも、桶狭間の戦い、姉川の戦い、など修羅場を聞かせるものもあるが、今日ではあまり演じられてはいない。

四、セクハラは何故いけないのか？――「引越しの夢」

そりゃ、いけないに決まっている。

なんにせよ、ハラスメントなんていうのは許されることではないのだ。

他人が不快に思うことはやってはいけない。こんなのは常識である。ましてや、職場で下半身にまつわる不快な行為や発言が許されるわけはなかろう。

ではなんでこんな項目を設けたのか。

セクハラはいけないに決まっているが、一方でなんでもかんでもセクハラだと騒ぎ立てる風潮もいかがなものかと思う。

セクハラには大きく分けて二種類ある。

一つはエッチな話をして女の子をからかうセクハラ。女性だけが被害者でなく、男性が被害者となる場合もあるから要注意。

もう一つは、昇進を餌にしたり、解雇すると脅したりして関係を迫るものだ。

後者は悪質である。弱い者いじめにスケベ心が加わる。こういう上司は許されるものではない。それに比べれば、前者も許されるものではないが、カワイイものではないか。

強盗とこそ泥くらいの差はある。そういうのを目糞鼻糞と言うんだと言われるかもしれないが、悪質さの度合いが違うだろう。前者のようなセクハラが、後者を生む温床になると言う人もいるが、本質的に違うだろう。後者はあきらかに極悪だ。

何がいけないといって、後者は人事権なり、なんらかの権力のある人間が、それを利用して女性（男性かもしれないが）を蹂躙《じゅうりん》しようという行為。セクハラに限らず、逆らえない相手に何かを強要、ましてや性行為を強要するとなると、どうにもいけない。

前者は何も権限のない者が言葉だけでなんか言うだけである。中にはお尻を触る奴もいるかもしれないが、その程度である。いや、その程度が女性にとっては苦痛で、それが毎日続くと言われると、よくないには違いないが。でも、百叩きとか、土下座とか、ささやかなお仕置きで許される悪事である。

どこまでがコミュニケーションで、どこからがセクハラかの線引きも曖昧。いや、不快に感じたら全部セクハラなんだという。しかし、それでは何も喋れなくなってしまわないか。「綺麗だね」「痩せた?」「化粧濃いよ」といった一言がセクハラになるかもしれないと、おじさんたちが戦々恐々としている様も異様である。

また、前者後者を同様に扱うことで、後者の罪が軽減されることは、絶対に許されない。

「はい、それではこれから、今年の慰安旅行についての会議をはじめます。司会は慰安旅行の実行委員長の私が務めます。委員は、営業二課の山本君、総務課の大山さん、経理課の栗林さんの三名です。場所は例年通り、伊豆の保養所です」

「えっ、また保養所ですか？」

「よその会社はハワイとか海外っていうところもあるみたいですよ」

「せめて、温泉ホテルとかは駄目でしょうか？」

「えー、皆さんのご意見は一応上に伝えますが、多分無理でしょう。ハワイに行く企業はうんと儲かっている会社です。今期我が社はギリギリ黒字というところで、慰安旅行に金を掛ける余裕はありません。あと、保養所も温泉は出ますので安心してください」

「先輩、言ってて空しくないですか？　栗林さんが言った温泉ホテルっていうのは、温泉リゾートホテルで、海が見えたり、テニスコートがあったり」

「テニスコートはありませんが、卓球台はあります」

「昭和かよ」

「海は見えませんが、潮の香りはします」

「香りだけかよ」

「他に何か意見はありますか？」

「わかりましたよ。慰安旅行に多くを期待した俺がバカでした。はい。酒が飲めればいいです」

「はい。山本君からはそういう意見が出ましたが、大山さん、どうですか？」

「私、お酒飲めないのね。それに結局、女子はお酌係をさせられるだけでしょう。ちっとも慰安になりません。お酒禁止にしてほしいと思います」

「そうですよ。大山さんの言う通り。お酒が入ると、セクハラの温床になります。私、去年、黒木専務に飲め飲めって強要されたんですよ」

「でも栗林さん、枡で飲んでいたよね」

「飲まずにやってられるのか」

「まぁ、でもね、慰安旅行で酒禁止ってわけにはいかないでしょう？」

「保養所行って飲むだけって。そんなの時間とお金の無駄だわ」

「一応コミュニケーション」

「だから、コミュニケーションという名のセクハラよ」

「そんなに言わなくてもいいでしょう」

「女子は希望しない者は飲み会に参加しなくていいというのはどうでしょうか？」

「あー、栗林さん、その意見いいかもしれない」

「待ってくださいよ、大山さん。先輩、男だけで飲んで楽しいですか？」

「山本君、その言い方がセクハラでしょう」

「確かに。大山さんの言うのも一理ある。男だ女だと区別するのはおかしい。じゃ、行きたくない者は飲み会不参加もあり」

「じゃ、何しに行くの？」

「バスに揺られて景色見て」

「景色見て楽しいですか？」

「日常と違う何かが待っている……」

「待っているのは保養所の薄汚れた壁と絨毯ですよ」

「わかったよ。上に掛け合うよ。安めのリゾートホテル探して、もうちょっと予算出してもらうようにな」

「それでこそ、先輩」

「さすが、委員長」

「委員長にならば、セクハラされてもいい」

「おいおい」

「いや、よくないですよ。よくないですけれど、委員長に飲めと言われたら、いくらでも飲みますから。ねえ、山本君」

「俺も飲みます！」

「大山さん、慰安旅行は保養所で飲み会、でよくないですか？」

「酒飲みはこの二人だけです。飲まない人と、女子をセクハラから守るため、委員長、リゾートホテルの件、よろしくお願いいたします」

男性社会の中で、これまで女性にばかり我慢を強要してきたところがないとは言わない。職場の花だとか、飾り物扱いしたり。接待や、慰安旅行のお酌係にしたり、ということが過去になかったとは言わないし、もしかしたら今も会社によっては、あるかもしれない。

男女が同じ仕事をし、ともに社会参画し同等に活躍できる社会を作るためには、セクハラの根絶は急務の一つであろう。

でもやはり、コミュニケーションとしての会話のきっかけは欲しい。男は皆が皆、女性を性の対象としか見ていないわけではないのだ。ただ、綺麗な女性がいれば嬉しいとか、その程度のことで、それは女性にもあるだろう。

女性にばかり我慢を強要するわけではないが、昔の女性はある程度までなら、セクハラ親父を撃退する術を学んでいた。セクハラを巧みにかわす術、それも処世術の一つだったのだろう。笑って誤魔化す、一瞬睨む、一緒にセクハラトークする、さらりとその場から離れる、金玉を蹴り飛ばす、などなど、その場や状況において使い分けることも大事だ。

我慢は強要してはいけないが、コミュニケーション・ツールとして許される範囲のエロトークもあるということを、女性や、ある趣味の男性からターゲットにされる男性も許容を持ってもいいのではなかろうか。

また会社も、セクハラを未然に防ぐために気を配る必要がある。人事権のある上司が性的な強要を行った場合は厳しい処断をする。その上で、セクハラの温床を防ぐ講習なども行ってゆく。そうしたことも必要だ。

あとは行き過ぎたエロトークには、それなりの立場の人が注意を与えることも大事。そして、注意を受けたおじさんたちは真摯《しんし》に受け止めて謝る。謝られたら許す気持ちを女性が持つことも円滑な人間関係には必要であろう。

落語「引越しの夢」あらすじ

またのタイトルを「口入屋」。口入屋とは人材派遣業のことだが、口入屋は最初のほうにちょっと出てくるだけで、メインは夜這《よば》いの話である。

昔の商家は、従業員は住み込みで働いていた。しかも番頭や手代は十代、二十代の男たち。そこにもし美人の女中がやってきたらどうなるか。もちろん、店側も策を講じてはいる。口入屋には「なるべく不細工な女中を」と言ってある。それでも美女がきてしまったら。店中の男たちは狂喜乱舞する。

商家に美人の女中がやってきた。番頭は自分の言うことを聞けば、店を辞める時には一財産出来ていると誘惑する。その日は早くに店仕舞い。番頭や手代の考えることは一つ、世間が寝静まった頃に女中の部屋に夜這いに行くのだ。ところが店側が、中二階の女中部屋への梯子をはずした。夜這いを試みる番頭たちの運命は？

【おすすめCD】『圓生百席 35』（ソニー）

第四章　男女のいろいろ

男と女の付き合い方、これがまた難しい。

一番難しいんじゃないか。

恋愛感情というのはもちろんある。恋は盲目で、とんでもない相手がカッコよく見えちゃう時もあれば、冷静に将来を見据えて恋愛相手を選ぶ男女もいる。

また今の時代は価値観も多様化した。

結婚なんてしなくていい、というのはなんとなくわからなくもないが、恋愛なんて面倒臭い、となるとわけがわからない。普通の男女が恋愛に関心を持たないという状況はあまりに健全でない。

結婚して家庭を持って一人前、という考え方は確かに古いのかもしれない。でも恋愛するといいことはある。異性によく見られたいと思い己を磨く糧になり、身綺麗にもなる。嘘だと思ったら。恋愛してみなさい。

だが、恋は盲目状態になって、相手に、つまり他人に弱味を見せたくないとか、そんな理由で恋愛を拒む男女もいるとか。もっと感情の赴くままに生きてもいいんじゃないか。他人にとっては不幸に見えるようなことも、その時二人が幸福ならば、それはそれで間違ってはいないんじゃないか。

一、女の口説き方・男の口説き方――「宮戸川」

恋愛の出発点は、男性でも女性でも、いいなぁ、と思った相手を口説くところからはじまる。どうやって口説くのか。いろいろな口説き方があるだろう。

中学生、高校生なら告白なんていうのをするのか。昔なら校舎の裏に呼び出して。今なら、メールとかラインとかツールも増えた。

別に告白じゃなくても、昔は女の子の家に電話する、なんていうのは大変だった。お父さんが出たらどうしようとか。聞いたら、女子も同じだったそうだ。家に電話するというのは、親や兄弟が出る場合があって、厄介だというのはある。携帯が出来て、若い子の交際は広がった。簡単に電話でもメールでも出来るが、電話するドキドキ感はなくなった。広がっただけで達成感がないから、そこから先に進むのがより難しくなったのかもしれない。

大人になるとどうだろう。出会いの場は中学生、高校生よりは広がる。やはり職場が多いのか。昼休みの世間話から、だんだん親しくなり、会社の帰りにグループで飲みに行く。もしかして、あの二人？　まわりが気を利かして、二人を残して消えたりするんだ。

職場の同僚としての付き合いがあり、相手の人柄も知っているから、安心出来る相手ではあるが、なにかで喧嘩別れでもすると、同じ職場だと、ちょっと気まずかったりもする。趣味の仲間というのも共通の話題があっていいかもしれない。

だがやはり今時の男女は恋愛に消極的だ。「いいなぁ」と思うことよりもまずリスクを考える傾向にあるのか。

となると婚活、お見合いなんかが近道かもしれない。はじめに条件ありで、足切りをしてから恋愛。結婚だけを考えれば話は別だが、そんな恋愛が面白いわけがない。

恋愛の間口が広がったように見えても、積極的になれない男女が増えた。それでも異性を愛《いと》しいと思う気持ちにはさして変化はないように思う。ただ、リスクを回避したい気持ちが強くなっただけだ。

それでも人間、相性というのはあって、うまくゆくカップルはうまくゆくし、ゆかないカップルはゆかない。くっつく奴はくっつくんだ。男女の仲というのは、人それぞれで難しい。

「おい、山本、なんか話があるって?」

「いいえ。別に話なんかないですよ」

「なんだ話はないのか。いや、さっき話があるって言ってたような気がしたが。ないんなら、今日は用があるんだ。たいした用じゃないんだけれどな。話がないなら、これで帰るよ」

「ちょっと待ってくださいよ。たいした用じゃないなら、ちょっと一杯飲みましょう」

「いや、別に話はないんだろう？」

「話はありますよ」

「今、ないって言ったじゃないか。どっちなんだよ」

「言いにくい話だから、二、三杯飲んでから話そうと思ったんです」

「言いにくい話？　面倒なことなら、またにしてくれないか」

「いや、ちょっとアドバイスしてほしいだけです。というか、話聞いてくれればいいです」

「なんだよ」

「その……、先輩は結婚していますよね？」

「してるよ」

「奥さん、どうやって口説いたんですか？」

「はぁ？　なんだよ、藪から棒に。話がまったく見えないんだが」

「あー、もうじゃあいいです」

「なんなんだよ。男らしく、はっきり言えよ」

「好きな女性がいます」

「なんだそりゃ？」

「向こうの気持ちはわかりません。どうやって口説いたらいいでしょうか」

「あのな、ナンパとか合コンとか、お前、得意だろう？」

「そういうんじゃないですよ。真面目に付き合いたいと思ってるんです」

「お前が？」

「悪いですか？」

「悪くないよ。悪くないけれど。相手は誰だ？」

「それはですね……、言わないと駄目？」

「駄目だよ。言ったら、それとなく情報収集してやるから」


「大山さん……実はですね」

「えー、美由紀ちゃん、好きな男性がいるんだ」

「はい。それで……」

「それで？」

「女性のほうから誘ったりしたら、やっぱ駄目ですよね？」

「あー、相手は鈍感なんだ。いいんじゃないの、今の時代、女性のほうから口説いても問題ないんじゃない？」

「でも、私からデートとか誘って、お前なんか嫌いだって言われたら、ちょっと立ち直れないかも」

「えーっ、今時の若い子、メンタル弱すぎ。大丈夫よ、あんたくらいカワイければ、たいていの男は嫌だとは言わないから」

「でも、相手の男性は凄くカッコイイ人で。多分、彼女とかもいると思うし」

「えーっ、誰よ、会社の人？　会社の人なら、その男のまわりの人間から、情報収集して」

「どうやって？」

「相手が誰だか教えたら、私がいろいろ聞き出してあげるわよ。あとね、男の口説き方はね、自尊心をくすぐる、これに限るから」


「大山さん」

「あー、委員長じゃない、係長」

「なんか話？　いや、俺もちょっと話があるんだけれど」

「えっ、もしかして」

「もしかしたら」

「栗林美由紀？」

「山本浩？」

「あー、やっぱり。どうする？」

「くっつけますか？」

「しょうがねえなぁ」

「据え膳食わぬは男の恥」なんていうことを昔は言った。つまり、女性からアプローチされたら、たいていの男性は応じるものだった。それが男というものだった。いや、人それぞれいろいろな事情がある。奥さんが怖いとか、経済的な事情とか、体力的な問題とか……、そうした事情で応じられないことがあっても、男は女性から求められれば嬉しいもので、それが男としての自信にも繋がった。

一方の女性は、好きな男以外から求められても嬉しくもなんともないものらしい。好きな男とそうでない男の落差は実に激しい。もっとも昔は、結婚は家と家との結びつきだから、好きでもない男と結婚することは普通であった。それが普通であるがゆえに、こと愛だ恋だというものは、真に好きな男でないと燃えないものなのだろう。

男と女の違いというのは昔はそういうものだったが、今は違うようだ。女性に口説かれても自分の好みをはっきり言って断わる男や、決して同性愛者ではないのに女性との交遊を拒む男性もいる。いわゆる草食系というヤツなのか。真面目と言えば真面目だが、意を決して告白した女性を無下に断わるというのは、ある意味で思い遣りがなさ過ぎる。いや、好きでもないのにズルズル付き合うほうが思い遣りがないという意見もある。だが、待て。人の心なんて、案外移り変わるものだ。

一方女性は、積極的な意思表示をする女性も増えたし、また多少意にそぐわない男性でも、好意を持たれることは決して嫌がらない女性も増えた。といって、男が積極的にアプローチしたからどうなるものでもないのだが、やはり自分の容姿や人間性を認められることは嬉しいようだ。ある意味、女性の男性化とも言えるが、そういう女性は、見た目はお洒落にも気配りする女性的な人に多い。

それでも、女性から男性にアプローチして断わられたら「傷つく」と感じる女性はまだ多い。結局は想い合っていればうまくゆくし、想い合っていなくても、何かの偶然が重なればうまくゆくこともある。想い合うことも何かの偶然で、それは「縁」ということだ。待っているだけでは縁は転がり込まないから、やはりここぞという時は男も女も行動したほうがいい。

ちなみに、男性が女性を口説くのは、今も昔も二つしかないと言われている。強引に攻めるか、拝み倒すか。女性の場合は、直接行動でなく、自分の存在を気づかせて男性にアプローチをさせる「手練」という方法が実は数限りなくあるのだ。

《女性の口説き方》

女性の口説き方の基本は二つしかない。強引に口説くか、拝み倒す。

強引に口説くやり方で落語に出てくるのは「うん出刃」。出刃庖丁を手に「うんと言えばよし、嫌なら出刃だ。うんか出刃か、うん出刃か」という物騒なもの。犯罪だよ。

拝み倒すには、それこそ土下座で口説くというのもあるが、これもある意味、強引な口説き方かもしれない。プライドを投げ捨てての土下座は効果がありそうに見えて、最近では女王様気質で土下座慣れしている女性もいるから無駄土下座になる場合も多い。

さりげなくがいいという女性もいる。落語にはお祭りの夜店で都腰巻を買ってあげたりなどという場面が出てくるが……、これって今なら下着を買ってあげるってことじゃないか。落語の誇張とはいえ無理がある。まぁ、笑いどころなのであろう。

なんにしろ、男を磨くことは忘れないことだ。

《男性の口説き方》

実は女性が男性を口説く方法の一番も、強引に口説くことだ。ところが、今の男子には通用しないらしい。

もう一つ、自尊心をくすぐるというのがある。

女性が男性に「浮気しちゃ駄目」というのは、別に浮気を心配しているのではない。「あなたはモテるから心配だ」と相手の自尊心をくすぐっているのだ。

落語「宮戸川」あらすじ

将棋で帰宅が遅くなった半七が家を締め出されてしまう。すると隣の船宿の娘、お花も帰宅が遅くなり家を締め出されていた。半七は霊岸島（現在の中央区茅場町あたりの地名）に住む叔父を訪ねて一晩泊めてもらうという。以前から半七のことが好きだったお花は無理矢理、霊岸島に付いてゆく。と、叔父の九太という人物はなんでも早合点する男で、半七とお花が駆け落ちをしてきたのだと思い込み、二人を二階に上げてしまう。その夜、嵐がきて、二人はめでたく結ばれる。

お花は積極的にアプローチし、生真面目ゆえお花を拒む半七を攻めて攻めて攻めまくり、とうとう恋を成就させる。昔はここまで積極的な女性というのが、おかしみに繋がったのだろう。しかし、お花は攻めることで恋の勝者になった。やはり男女を問わず、積極的に攻めることは大事だろう。

［おすすめCD］『志ん朝初出し 七』（ソニー）

二、嫉妬について――「豊志賀」

女性の嫉妬。女性が男性の浮気を嫌がるのは何故か？　そんなの当たり前じゃないか。自分の夫や彼氏が他の女とイチャイチャしていて楽しいわけがあるまい。

いやいや「女房焼くほど亭主モテもせず」と言って、どうせモテやしないんだから、好きに遊ばせといてやればいい。麻疹《はしか》と同じで一度は通る道で、結局は自分のところに戻ってくるんだと、どっしり構えている女性もいなくはない。

しかし世の中には万が一ということがある。男なんていうものは、なんかいいことがないか、と普段から考えているところがなくはない。そして、なんかいいことがあるとホイホイ乗ってしまうお調子者なところがある。普段真面目な男に限って、箍《たが》がはずれると一気に水が流れ出す、なんていうことがないわけではないのだ。

女性が男性の浮気を嫌がる一番の理由は保身である。夫や彼氏が誘惑に負けた時、家庭が壊れる場合がある。むしろ遊び人の亭主なら、割り切って遊んでいるだけだ。それでも女に貢ぐ金があるんなら「庭の壊れた生垣を修理しろ」とか言いたくなる気持ちはあるだろう。ホントに生真面目な男が女に狂うと家庭が壊れる。向こうの女に子供が出来た、別れてくれ、なんていうことになったら、この先の人生が狂う。そういうことを女は嫌がる。だから、いろいろな予防線を張るのである。

ただこれが焼き過ぎると男は嫌気を起こす。何もないのに、いちいち監視するような真似をされたら、男も腹を立てる。

「あなたはモテるんだから、気をつけてね」くらいの言い方がいい。これだと男の自尊心をちょっとくすぐる。

「ヤキモチは遠火で焼けよ焼く人の、胸も焦がさず味わいもよし」。餅の焼き加減と同じである。

「あれ、あなた、携帯鳴ってるけど。いない。なんだろう。メールか。こんな時間にメールって何？　夫とはいえ、他人のメールなんて見るもんじゃないけれど、面白いから見てみよう。えっ！　女の人からのメール？　今、夜の一〇時よ。えっえっえっ、夜の一〇時に女からのメールって何よ。見ようか。でも浮気だったら。家庭崩壊、離婚、ガーン。まぁ、そうなったら覚悟を決めるしかないわね。あー、でも駄目駄目。いや、浮気のうちに芽を摘みとっておけばいいのよ。そうすれば家庭崩壊にはならない。でも果たして、私が浮気を許せるんだろうか。いやいや、一時の気の迷いじゃないの。一度なら許そう。家庭を守るためだ。一度なら。でももし本気だったら。ちょっとどんなメールか、見るだけ見よう。『ここのレストランならデートには最適だと思います。予約しておきますね』って、何このメール。デートの誘いなわけ。このレストランって、高級フレンチ？　予約って。何よ、私はまわるお寿司しか連れて行ってもらってないのに。悔しい。わーん」

「何やってんの？」

「何やってるって、このメールは何？　この女とフレンチ食べに行くのね。私はまわるお寿司しか連れて行ってくれないのに」

「ちょっと待ってよ。なんだって。メール？　レストラン？　あー、なんだ、大山松子さんか。会社の総務課の人だよ」

「社内不倫？」

「なわけないだろう」

「フレンチ予約したって」

「なんだよ、ヤキモチか」

「そんなんじゃないわよ。これ見なさいよ。フレンチでデートって、ずうずうしいメールを」

「これね、山本だよ。部下の山本の恋愛相談に乗っててさ」

「えっ？」

「山本の奴、今度は本気らしくてな。何がなんでもうまくやりたいらしい。それで大山さんに女の子が喜びそうなデートをチョイスしてもらったわけさ」

「そんな言い訳……」

「言い訳じゃないよ。山本に聞いてみればいい。第一、もし浮気なら、携帯こんなところに置いておくかよ。バレないようにうまくやるよ」

「バレないようにうまく浮気する気なの？」

「そういうわけじゃないよ」

「そうよね。考えてみたら、あなたがそんなにモテるわけないから」

「おいおい、そこかよ」

「でもね、あなたも大山さんも甘いわよ」

「何がだよ」

「山本さんのデートでしょう？　あの人がフレンチなんか行って、お行儀よくご飯が食べられるわけないじゃないの」

「確かに」

「相手の人にも飾らない山本さんを見せてあげればいいわ。素の自分を見せる。本気の恋で長く付き合うとか、結婚まで考えているんなら、着飾ったデートしていたら息が続かないわよ」

「なるほど。なら、どんなデートがいい？」

「山本さんなら、やっぱ居酒屋じゃない？」

「あー、でも、大山さんがフレンチ予約したって」

「それは私たちで行けばいいでしょう」
「えーっ！　なんで？」
「浮気の罰でフレンチ奢りなさい」
「ははーっ、って浮気してないんだけれど」

江戸時代、武士は子孫を残さなければならなかった。男児が生まれなければお家断絶などということもあった。男児が生まれても子供の死亡率が高かった。だから、子供は大勢作ったほうがいい。そのためには奥方だけでは心もとない。そこで側室を持つことは普通の武士なら当たり前にあった。側室が当たり前でも、奥方と側室の間には確執があった。奥方に男児が生まれず、側室が生めば立場が逆転しかねない。奥方の嫉妬はまさに保身から起ることだ。大奥がいい例である。

一方、商家は血よりも実が大事である。武家の世襲と違い、商家は実力主義だ。男児がいても商才がなければとっとと若隠居させて、娘に婿を取ったり、親戚の目端の利く者を養子にして跡とりにした。だから、商家の主人が妾を持つのは必要性があってのことではない。ただのスケベ心である。あえて言えば、妾を囲えるほど稼いでいるという虚栄心かもしれない。

これは純粋なスケベ心だから、奥様のところよりもお妾さんの家が楽しくて、家を空ける。そこでまた奥方が嫉妬する。奥方、お妾両方の嫉妬が炸裂しコミカルに描かれる落語が「悋気《りんき》の火の玉」。五寸釘の打ち合いをして、奥方、お妾の両方が死んでしまう。前文でも言ったが、命を落とすまで焼くことはないのだ。命かけるほどの男か、冷静になって考えてみることだ。

そこへゆくと男の嫉妬は滑稽だ。むしろ、惚れた女に浮気をされたら男のほうが嫉妬に狂う。武士なら女と間男を重ねて四つに出来た。それでも家庭内の管理も出来ないと笑われるから我慢した武士も随分いた。武士にとって大事なのは名誉だ。町人も同じ。ただ悔しがるだけ。じたばたする奴は野暮と笑われた。だから、男は痩せ我慢をした。「そんな女、熨斗つけてくれてやる」くらいのことを言って。悔しくても我慢するのが江戸っ子だった。それでも我慢出来ないバカは刃物をふりまわす。冷静になって考えるこった。復縁出来るものなら策を講じればいいが、無理なものは諦めるしかないんだよ。痩せ我慢も交際術の一つである。

落語「真景累ヶ淵〜豊志賀」あらすじ

「真景累ヶ淵」は長編人情噺。三遊亭圓朝作。小日向《こびなた》服部坂に住む旗本、深見新左衛門が酒に酔って按摩の宗悦を殺したのが発端。宗悦の幽霊のため、深見家は瓦解。新左衛門には、新五郎、新吉という二人の息子が、宗悦には、おしが、おそのの二人の娘がいた。宗悦亡きあと、おしがは習い覚えた富本節で生計を立て豊志賀となり、根津七軒町で稽古屋を開いた。赤ん坊だった新吉は門番の勘蔵が引き取り、甥として育てた。勘蔵が煙草屋だったので、大人になった新吉は煙草を売り歩く。稽古屋なんかは人が集まり、待っている間に煙草が売れるので豊志賀の家がいい得意先となる。何かと気が利くので、新吉は豊志賀の家に下男として住み込むが、一一月の霰の降る寒い晩、二人はわりない仲になってしまう。

豊志賀は三九歳。今の三九歳じゃない。平均寿命が五〇歳くらいの頃の三九歳は大年増と言われた。その年齢で男嫌いで通った豊志賀が、二一歳の新吉と夫婦同様の関係になる。新吉と豊志賀のつかの間の幸福が壊れるのは、豊志賀の疑心暗鬼。もしも新吉に捨てられたら、折角摑んだ幸福が失われる。経済的に新吉の面倒を見ているのは豊志賀なのに、なまじ知ってしまった男との幸福な時間が失われることを恐れた。女の弟子との浮気を疑い、嫉妬が病を引き起こし、ついには豊志賀は新吉を呪いながら死んでゆく。宗悦の因縁というよりも、一八歳年下の男にのめり込み、疑心暗鬼で嫉妬に狂う哀れな女の一席として演じられることもある。

[おすすめCD] 八代目林家正蔵『真景累ヶ淵』(コロムビア)

三、不倫の対処法――「紙入れ」

テレビのワイドショーではよく芸能人の不倫が報道される。是非というか、たいていの意見は「否」だ。そもそも不倫はけしからん、という意見が圧倒的。子供番組に出ている芸能人や、それこそ子供たちの憧れのスポーツ選手が不倫をしようものなら、教育上よろしくないとか、大変なことになる。確かに芸能人が莫大なギャラをもらっているのは、不祥事などは起こしませんという、不倫の我慢料も含まれるのかもしれない。

でもまぁ、好きになっちゃったんだから、しょうがないじゃない、という意見も少数ながらある。大きな声で言うと叩かれるから、小さな声でだけれどね。たまたま好きになった相手に配偶者があっただけだ。

不倫の交際術……。人妻（または妻帯者）から誘われたら、どうやって断わるか？　断わらなくたっていいじゃないか。そんなチャンスは滅多にないよ。別にすすめはしない。もちろん、悪いことだ。倫《みち》に不《あら》ずだ。逃げるのも正解。ホテルの前で踵《きびす》を返して、「いくじなし」って言われるのだけでもドラマチックである。

トラブルは嫌だ？　バレないように付き合うのが交際の「術」なんだろう。とりあえず、職場とかご近所とか、近くの相手とは不倫しない。いや、そういう計算でするもんじゃない。好きになっちゃったから仕方なしに、そうなってしまうのが不倫じゃないのか。

バレたらどうする？　謝る、開き直る、逃げる、これもいろいろな術がある。でもバレたらどうする、なんて考えて不倫する奴はいない。まずはバレないように最善を尽くすところからはじめてみよう。って、はじめちゃいけないんだけれど。


「あれ、大山さんって結婚してたんだ」

「はい。知りませんでしたか？」

「いや、あんまりさ、女性のプライベートを聞いたらいけないのかと思って、聞かなかっただけですよ」

「つまり関心がなかっただけですね？」

「そういうわけじゃないけれどさ」

「少しでも関心があったら、まず聞きますよ。結婚しているかしていないか。独身なら可能性があるわけじゃないですか」

「大山さんだって、僕のことは聞いてないでしょう？」

「だって、私、総務課ですよ。社員の家族構成とか把握してますよ」

「そうか」

「だいたい係長は、私のことを寂しい独身の四〇女だと思っていたんでしょう?」

「そんなことないですよ。確かに大山さんって生活感がないからさ、独身かなとは思ったよ。趣味とかに生きる女かと。フラメンコなんかやってそうな」

「フラメンコですか?」

「情熱の女?」

「そんなわけないでしょう」

「赤いドレスとか似合いそうな」

「事務服が似合う女です。あしからず。さて、晩ご飯のおかず買って帰ります」

「あー、はい。お疲れ様です」


「おー、山本」

「あっ、先輩、いろいろありがとうございます」

「どうだ、その後、美由紀ちゃんとは」

「先輩と大山さんのおかげで何度かデートには行ったんですが、なかなか、その……」

「なかなか、なんだよ?」

「いえ、あの……」

「お前、変な女にはすぐ引っ掛かるくせに。肝心な時に駄目なんだな。いや、それだけ美由紀ちゃんを大事に思っているってことか。まぁ、落ち着いて、頑張ってみることだな。だがな、女はそんなに長くは待たないぞ。ここぞと思ったら一気に行けよ」

「そ、その見極めはわかっているつもりです」

「経験豊富か？」

「か、勘弁してくださいよ」

「まぁ、頑張れよ」


「大山さん、いろいろありがとうございます」

「あー、美由紀ちゃん、その後、山本君とはどうよ」

「係長と大山さんのおかげで何度かデートには行ったんですが、なかなか、その……」

「案外、山本君は奥手なのね。もっと遊んでいるかと思ったけれど」

「えっ？」

「いや、なんでもないわよ」

「私たち、うまくいかないのかなぁ」

「なんでよ。しっかりしなさいよ」

「ほら、この間、四人で飲みに行ったじゃないですか。なんか私たちよりも、係長と大山さんのほうがお似合いに見えて」

「何、バカなこと言ってるのよ。私たちはどっちも結婚してるんだから。そんな、バカなこと。あはははは。まぁ、頑張りなさいよ。チャンスがあったら、あんたから、グイグイ行っていいんだからね。いいわね」

「なによ、あの子。なんか私たちよりも、係長と大山さんのほうがお似合いに見えて、だって。ふふふ。妄想の上ではね、W不倫も悪くはないか」

不倫など妄想でとどめてしないほうがいいのであるが、不倫関係になってしまった時の対処法だ。

一言で「不倫」といってもさまざまなケースがある。おおむね次の四つになる。

①一度だけの過ち
②夫（妻）にバレないように、末永く付き合う不倫
③夫（妻）公認の不倫
④ゆくゆくは夫（妻）との離婚を前提とした不倫

①は一度でなく二度でも三度でもいいが、忘れることだ。思い出？　そんなものは捨てろ。まぁ、心の奥の小さな箱に仕舞って鍵を掛けて、絶対に開けないことだ。相手と偶然会っても

アイコンタクトなんかとっちゃ駄目だ。なかったことにする、これが最善だ。
②は鉄壁の守りでバレないようにやるしかない。用心に用心を重ねて、一切の痕跡を消す。それが出来ないなら、やらないことだ。
③は、武士の側室のようなものは今もないわけではない。夫（妻）の精力が絶倫過ぎて、対処出来ませんからセックスフレンド公認などという人もいるかもしれない。最近では「寝とられプレイ」という変態プレイもあるらしい。
中国の古典文学『金瓶梅』の韓道国・王六児の夫婦は、仕えている主人の西門慶が人妻好きなのを知り、王六児は西門慶に抱かれる。王六児が寝物語で夫の出世を頼むので、韓道国は大番頭になり、出店の主人にまで出世する。西門慶は韓道国が何も知らないと思っているが、実は「これからも旦那とうまくやれば俺が出世が出来る」と韓道国は王六児に囁《ささや》く。世の中にはこんなしたたかな奴らもいる。
④は悪いね。今風に言えば、ゲス野郎。ゲス女もいるか。これはもう、覚悟を決めて、悪に徹して愛を貫くしかない。

一方、パートナーに不倫された場合の対処法は。二つだな。絶対に許さない、場合によっては許す。家庭を守る、ということに主眼を置けば後者になる。

「絶対に許さない」は弁護士に相談して高額の慰謝料をふんだくるか、あるいは綺麗さっぱり諦めて「熨斗つけてくれてやる」くらいの気概を持つかだ。気分的には後者が楽かもしれない。訴訟が長引いたり、うじうじ思い悩んだりせず、「次行ってみよう」という気にもなれる。

「場合によっては許す」は、我慢だ。子供が小さかったりすれば、その選択肢もありだ。それでも怒りは収まらないだろうが、それをずるずる引き摺ってはいけない。引き摺れば夫婦関係が悪くなり、結局離婚ということになりかねない。落としどころを決める。土下座とかグーパンチとか、それで一切忘れる。我慢してでも家庭を守るというのは立派なことなのだから。

落語「紙入れ」あらすじ

貸し本屋の新吉が商家の内儀から手紙をもらう。「今晩旦那がお出掛けで帰らないから遊びにおいで」。バカがほいほい出掛けていったら、帰らないはずの旦那が帰ってきた。あわてて裏口から逃げる新吉。だが、紙入れを忘れてきた。紙入れには内儀からの手紙も入っている。旦那に見付かれば信用を失い江戸で商売が出来なくなる。今まで築いた得意先などをすべて失うことになる。新吉は翌朝、様子を探りに旦那のもとへ行く。

【おすすめDVD】『立川談志「落語のピン」セレクション1』（ポニーキャニオン）

四、亭主関白のすすめ――「代り目」

夫婦というのはなんだろうか。

もともとは他人である。違う家庭環境で育った。何かの縁で一緒に住む。

いろいろな夫婦がいるから一概には言えない。熱烈な恋愛のすえ一緒になる、見合いで条件が合ったから一緒になる、今時はないかもしれないが親や親戚が決める結婚だってあった。今でも親や親戚の意見に左右されることはある。略奪愛もあれば、一度の過ちで出来ちゃった結婚なんていうのもある。夫婦生活にしても、亭主が威張っている家もあれば、奥さんが主導権を握っている家もある。お互いに口を利かないような夫婦がいて、これがただ無口なだけで案外仲がよかったりする。

では、夫、妻とうまく付き合うには、どうしたらいいか。

「愛」？　もちろん、愛は大事だが、二年も三年もすると、愛だけでは暮らしてゆかれない。

マンネリだとか、倦怠期といった時期を迎える。

それを乗り越えるには、どうしたらいいか。

子供のいる家庭にはイベントがある。七五三、小学校入学、運動会……、子供の成長とともに、家族でイベントに対応していれば、少なくとも飽きることはない。ただ、夫婦が父母に代わってゆく。それは一つの人生の経過である。

子供のいない夫婦はどうしたらいいのか。同じなんだ。子供のいる夫婦を見習って、なんかイベントを起こせばいい。

日本でもやっている人もいるが、記念日というのは大事だ。銀婚式（二五年）、金婚式（五〇年）は先だが、紙婚式（一年）、藁婚式（二年）、革婚式（三年）……銅婚式（七年）、水晶婚式（一五年）などいろいろあるようだから、そのつど祝ってもいいんだ。夫婦にイベントは大事、まぁ、一種の遊びだ。日常は退屈、でも大事、たまには羽目をはずす。羽目をはずすと言うと言葉は悪いが、旅行に行くとか、食事や観劇に行く。そんなイベントでいいんだ。二人で羽目をはずしていれば、お互いの存在に気づく。そういうことが夫婦には大事なんだ。

「大山さん、何ニヤニヤしてるの？」

「あー、係長、黒木専務が長期休暇とったのご存じですか」

「なんかそうらしいけれど、どうかしたの？　病気とかじゃないよね」

「あのね、奥さんと二週間、ヨーロッパに行くんですって。銀婚式ですって」

「なるほどね。案外、家庭的な人だったんだ」

「そうでもないみたいですよ。仕事人間で。奥さんも今までは子育てで忙しかったけれど、そろそろお子さんも独立して。そうなると、二人きりで毎日、顔突き合わせてるのにとくに会話がない。黒木専務、まずいと思ったらしい。このまま熟年離婚を避けるためには、奥さんの気を引こうと休みとって」

「タイヘンだな。大山さんのところは何年目？」

「一〇年くらい？」

「くらいって何よ」

「いつ結婚したのかなんて忘れちゃいましたよ。子供がいるとね、どうしても生活が子供中心になる。夫との会話の八割が子供話ですよ」

「そうなんだ」

「でも楽しいですよ。イベント盛りだくさんで。子供のイベントには夫婦で参加してますから」

「仲良し家族なんだ」

「いやいや、うちは夫婦で働いていて、子供は普段は私の親が見てるんで、イベントの時くらい親子で接しないとね。係長のところは？」

「子供はまだ」

「ちゃんと会話はあるの？」

「あるよ」

「へえー。子供いないで、どんな会話するんですか」

「普通の会話だよ」

「普通って？」

「おはよう、おやすみ、歯磨きなさいよ……」

「何それ？」

「こういうのが普通の会話っていうんじゃないの？」

「そんなのだと、だんだん会話がなくなりますよ」

「嘘だろう？」

「お気をつけあそばせ」


「ただいま」

「お帰りなさい」

「あのな」

「何？」

「いや、なんでもない」

「そう」

「やっぱ、会話ないのかなぁ」

「何ぶつぶつ言ってるのよ」

「いや、うちは会話が少ないかなと思って」

「そんなことはないでしょう」

「だよな」

「……」

「……」

「やっぱり少なくないか？」

「なんか喋る？」

「改まって言われてもな」

「用がなければ喋らなくてもいいんじゃない？」

「だよな。でも」

「えっ？」

「お前、寂しくないのか？」

「別に」

「そうか」

「あなた、寂しいの？」

「まぁ……、ちょっと」

「ふふふ」

「なんだよ」

「やっぱり、夫婦の会話って大事よね」

夫婦には遊び心が必要だ。

落語にはそんな話がよくある。植木屋の男がお屋敷の隠し言葉がカッコイイからと、家に帰って真似をしようとして失敗する「青菜」とか。この噺では真夏に女房が汗だくになって押し入れに入る。一間しかないから、押し入れを次の間代わりにする。なんでそんなバカな遊びに女房が付き合うのか。多分、楽しいからだろう。そして、亭主が大好きなんだ。その意思表示としての「遊び」なら、楽しいと思う。バカバカしいことをやるのも面白味だ。

「亭主関白」。昔はたいてい旦那さんが威張っていた。少なくとも表向きは、そうした家庭が多かった。一家の長だ。区役所に行って聞くと、「一番エライのは亭主だ」と教えてくれた。

落語に出てくるような夫婦は現実にはいない。昔だっていなかった。ある意味、落語に描かれる亭主関白ファンタジーなのかもしれない。

単純に威張っている亭主はいた。今もいるんだ。ただの小心者で家の中でしか威張れない奴もいるし、DVなんていう困った男もいないわけではない。そんな家の女房は楽しそうに亭主の用なんてやらない。恐怖に顔を引きつらせながら働く。そんなのは駄目だ。そんなのは亭主関白じゃない。

ではホントの意味の「亭主関白」とは何か。早い話が「亭主関白ごっこ」だ。「プレイ」なんだ。亭主を上座に座らせて、好きな食べ物を並べて、「ささ、お一つ」などと言って酒をすめる。奥様を演じる。そういう遊び心が夫婦生活なのだ。

落語でも、亭主を亭主と思わない、おっかない女房が出てくる。これもまた一つ、「カカア天下」というプレイであろう。

落語「代り目」あらすじ

酔っ払って帰ってきた亭主が威張って、女房がけなげに応対する一席である。

人力車が酔っ払いに声を掛ける。車に乗った酔っ払いは車夫に「そこの家を起こせ」と言う。声を掛けると女房が出てくる。車夫は酔っ払いの家の前で車に乗せたのだ。平謝りの女房。車屋がいなくなるとさすがに怒るが、酔っ払いは手がつけられない。「もう一杯飲みたい」と言うので、女房は燗をつける。「肴はないのか」と言う亭主、生憎《あいにく》、鮭の残りも納豆の残りも、漬物すらない。女房はおでんを買いに行く。

その間に亭主の徳利がカラになる。亭主はうどん屋を呼び燗をつけさせる。「うどんはいかがで」と言ううどん屋を「うどんは嫌いだ」と追い払う。帰ってきた女房は、詫びにうどんを食べようと、うどん屋のあとを追う。

［おすすめCD］『十代目金原亭馬生　2』（ビクター）

第五章　大人の喧嘩術

親しい間でも意見が違うことはよくある。話し合いでわかり合える時もあるが、どうしても相容れない時もある。また、生活していれば、いろいろと腹の立つこともある。悪口を言われた、意地悪をされた、そんな時はどうするのか。大人の対応で我慢するというのもある。相手が仕事の関係者とかご近所だったら、ささいな喧嘩で面倒な関係になるくらいなら我慢しよう。さもなくば共通の知り合いに迷惑が掛かる。丸く収めるのも一つだ。でも収まりがつかないことだってあるだろう。我慢ばかりしていては、精神衛生上もよろしくない。言いたいことをまくし立てて喧嘩をするというのもある。では、喧嘩というのはどうやってやったらいいのか。喧嘩のやり方にもいろいろある。暴力はいけない。いけないけれど、殴られたら殴り返してもいいのかもしれない。言ってわからない奴は拳固でわからせるというのもあるだろう。だがね、言ってわからない奴は殴ってもわからない。逆に恨みを買うだけだ。暴力を用いなくても相手をギャフンと言わせる方法はいくらもある。実際に、喧嘩はしなくても、怒っているという態度を示すことだけで効果的なこともある。

喧嘩にはルールはない。何も一対一で戦わなくてもいい。仲間を集めて、大勢で戦えば勝つ確率は高くなる。武器を用いても、闇討ちだって構わない。だが、これは相手にも言えることで、向こうも大勢でくるかもしれないし、こっちが護身用に刀を持っていても向こうは拳銃を持っているかもしれない。闇討ちされる可能性もあるんだ。また、喧嘩に勝っても、喧嘩沙汰を起こしたことで社会的な信用を失う場合もあるし、暴力をふるえば警察に捕まる場合もある。喧嘩にはリスクが伴う。勝ったからといって安心は出来ないのが、喧嘩だ。喧嘩をするからには勝たなきゃ駄目。そんなことはない。喧嘩したら、うまく仲直りする、それが一番大切だ。

一、江戸っ子は意外と喧嘩っ早くない――「三方一両損」

世の中には喧嘩っ早い人、短気な人というのはいる。

短気な人はちょっとしたことでも腹を立てる。飲食店で、注文した料理がなかなか出てこないと言っては腹を立てることなど、しょっちゅうだ。そんなの何分でもないじゃないか、何を小さいことで怒るんだ？　いやいや、忘れていることもまれにあるんだ。だから、あんまり遅い時は「まだ出来ないのか」くらい言わないと駄目だ。忘れられていたら、そこで飢え死にするかもしれない。事は命に関わる。

だがそういう人はそれだけでは済まない。店員の態度が悪い、店が汚い、料理がまずい、値段が高い、いろいろなことに腹を立てる。だったら店にこなければいいのにね。

でもそういう人でも、仕事関係だったり、ご近所だったりすると、付き合わなければいけないのが社会だ。飲食店の店員も、そんな奴がくると、いちいち謝らなければならない。接客業はそれが仕事？　仕事と割り切ればいいが、そのうち店員がブチ切れるかもしれない。

喧嘩っ早い奴には実は二種類いる。何構わず腹を立て、誰彼構わず喧嘩を売る奴。喧嘩が趣味みたいな奴だ。こういう奴も迷惑だが、実は正義漢で熱い奴だったりもする。少し離れているところで見ているぶんには面白いが、身近にいたら、やはり迷惑だ。年配者なりなんなりが、それとなく諭してあげるほうがよい。

もう一つは弱い者にしか喧嘩を売らない奴。ある意味、冷静だから無茶はしない。その代わり相手が弱いとわかると理不尽な喧嘩もふっ掛けてくる。こういう人物は外ではおとなしいが、家でDV、なんていうこともやりかねない。絶対に近寄らないほうがいい。


「山本、どうしたんだ、お前らしくないぞ。とにかく落ち着け」

「落ち着いてますよ、冷静です。ただ、今日という今日は我慢がならなかっただけです」

「いや、落ち着いていたら、あんなことは出来ない。とにかく、お前は手を上げたんだから。まず、落ち着け。落ち着いたら、何があったのか話してみろ」

「S社の件です」

「お前が新規開拓した得意先だな?」

「新規開拓するについては、いろいろ向こうからも条件が出て。ええ。値段のことですよ」

「うちの社は、主力商品の値引きは原則しないことになっている。そのぶんは品質とか、メンテナンスとか他のサービスでおぎなう」

「そんなことはわかっていますよ。けれど新規でも長いお付き合いになりそうだから、そのあたりを黒木専務に相談したら、値引きはしないというのはあくまで原則だからって、黒木専務の許可を得て、最初の一〇〇〇個だけ二割引で卸すことにしたんです」

「まぁ、専務の許可が出たんだ。問題はないだろう」

「でしょう？　で、最初の五〇〇個は出荷して、次の五〇〇個を出荷しようとした時に、沢田が書類の数字が違うって勝手に出荷を止めちゃったんです」

「連絡ミスか」

「でも、課長や専務の印が押してあるのに、ヒラ社員の沢田がなんで出荷止めるんです？　しかも納期に商品がこないってS社からの電話をたまたま沢田がとって、勝手に『この契約は無効だ』って」

「そんなこと言ったのか、沢田が」

「すぐにS社の担当から俺の携帯に連絡があって、沢田に出荷するように言ったんですけれど、絶対出荷出来ないって。黒木専務の印があるって言っても、確認するまで待てって言う。専務が休暇中なのわかってて、言うんです」

「課長に言っても、暖簾に腕押しで。値引きはしないっていう会社の方針を専務が変えるわけがない、俺が勝手に専務の印を押したんだって。だから、専務に直接確認をとるまでは出荷はさせないって」

「なんで俺に言わないんだ」

「先輩も営業で外でしたし。押し問答していたら、沢田が俺に、『契約とるために勝手に値引きした』とか言い出して、揚句に『結果として会社に損失を掛ける泥棒野郎』だとか。で、つい」

「つい、殴ったか」

「殴ってないです」

「殴ってないのか？」

「拳を握ったら、沢田の顔が当たった」

「つい、って言うからには、殴ったことは反省してるんだな？」

「はい」

「なら、沢田に謝れるな？」

「S社の件は？」

「今、沢田には総務部で話を聞いているところだから。その間に俺の責任で書類は工場にまわす。明日には出荷出来るだろう。S社にはこっちの連絡ミスだと、俺と課長で謝りに行く」

「俺も行きます」

「お前は駄目だ。まず沢田に謝れ。とにかく社会人が暴力をふるったんだ、それなりの処罰は覚悟しろよ」

「処罰？」

「まぁ、禁酒半年かな」

「酒の上での喧嘩じゃないです」

「しらふなら拳を握る前に、ちょっと考えろよ。ふりおろしていい拳かどうかをな」

「沢田さん、落ち着いて」

「大山さん、どうして僕が総務に連れてこられるんですか。とにかく警察に電話してください」

「警察って、会社の同僚を訴える気？」

「会社は暴力を隠蔽するんですか？」

「そこまで言うなら一一〇番するけれど、会社の看板にも傷がつくわよ」

「僕の責任ではない。というか、そうやって脅すんですか？」

「脅しじゃないわよ。わかったわよ、一一〇番するから」

「あー、いや、脅しに屈するわけではないですけれど、警察は止めますよ。その代わり、会社として山本君に的確な処分をすると約束してください」

「約束するわよ」

「大山さんじゃ駄目ですよ。総務課長が念書を書いてください。いいですね」

喧嘩はよくないと言うのは簡単だが、どうにも我慢のならぬことというのはある。

「火事と喧嘩は江戸の華」などと言って、江戸っ子は喧嘩っ早いものだというのが定番になっている。

落語には喧嘩っ早い奴が随分出てきて、因業《いんごう》大家に啖呵《たんか》を切る大工の棟梁政五郎（「大工調べ」）や、やはり因業大家に殴り込みを掛ける若旦那（「唐茄子屋政談」）など理不尽な権力者に啖呵や拳で立ち向かう者もいれば、女房や母親を殴るDV男（「天災」「二十四孝」）や、喧嘩が趣味（「掛け取り」）などという者まで出てくる。

しかし実際の江戸っ子は実は喧嘩に関しては案外慎重だったのである。「火事と喧嘩」にもう一つ「中《ちゅう》っ腹《ぱら》」というのも江戸っ子の特徴として出てくるが、「中っ腹」とは腹を立てることで、理不尽さや横暴に怒ることはよくあった。だが実際に手を上げることには慎重だったようだ。

どうしても我慢がならない時は、まず拳固《げんこ》を固める。つまりこれが、自分は我慢がならないという意思表示になった。そうすることで相手が軟化する場合もある。本来喧嘩は先制攻撃がもっとも有効なのだが、江戸っ子は少なくともそうはしない。必ず喧嘩の意思表示をした上で、相手もやる、という時にはじめて拳をふりおろすのである。

あとは羽織の紐だ。俗に喧嘩結びという、一瞬で紐が解ける結び方がある。そうして瞬時に羽織を脱ぐことで、喧嘩をするぞという、これも意思表示になる。いくつかの段階を経て、相手に考える間を与えて、話し合いに運ぶ余地をお互いに模索する、それが江戸っ子の喧嘩のやり方だった。

誰だって、殴られれば痛いし、お互いが傷つき気まずくなることは避けたい。意思表示をすることで、お互いが冷静になる時間が持てるわけだ。

だが、世の中、まれにバカもいる。

「手前、殴るぞ」

「殴れるもんなら殴ってみろ」

そりゃ、殴ってみろと言われたら、殴るだろう。

で、喧嘩になる噺もある。

落語「三方一両損」あらすじ

左官の金太郎は柳原の土手で財布を拾う。中には三両の金と印と書き付けがあり、落とし主は神田竪大《たてだい》工《く》町《ちょう》の吉五郎と知れる。金太郎は吉五郎の家に財布を届けるに、吉五郎は落とした金は縁がなかった金だから受け取れないと言い、金太郎も拾って親切に届けたのにその言い方はない、拾った金をもらうような狭い了見ではないと言い、二人は殴り合いの喧嘩になる。大家が仲裁に入り、この喧嘩が大岡越前守の裁きに発展する。

【おすすめCD】『八代目三笑亭可楽 1』（キング）

二、仲裁は時の氏神――「胴乱の幸助」

喧嘩した相手と仲直りするにはどうしたらよいか。

江戸っ子の特徴は細かいことは根に持たない、喧嘩したって一晩寝れば忘れちまう。果たしてそうか。江戸っ子だからって、なんでも水に流せるわけじゃない。「この野郎、今日という今日は勘弁ならねえ」と思ったから喧嘩になった。仲直りしたくたって意地がある。

そんな時、誰かが仲裁してくれれば、ありがたい。

だが、この仲裁というのが実は案外難しいのである。両方の言い分を聞いて、公平な立場で仲直りさせなければならないからだ。

「それはお前が悪いから、謝れ」では、たとえ悪くても謝らされるほうは決して面白くはない。なまじ仲裁に入って逆に恨まれたりすることもある。

昔のやくざなら、大きな喧嘩を仲裁すれば、男が上がった。清水次郎長は、津向《つむぎ》の文吉と和田島太左衛門の喧嘩を仲裁して男を上げた。一方、津向の文吉と武居吃安の喧嘩では、次郎長の仲裁に吃安が引かなかったため、次郎長と吃安の喧嘩となった。ために甲州身延に血の雨が降り、次郎長は捕吏に追われる身となる。仲裁は難しいものである。

友達同士の喧嘩であっても、仲裁が下手だと、両方から敵視されることもある。それこそ、ご近所トラブルなんかに首を突っ込むと大変なことになりかねない。


「ねえねえ、あなた」

「なんだよ」

「三丁目に新しく出来たエレガンスマンション」

「あー、なんか大きいのが出来たよな。あれ、マンションなのか」

「かなりの高級マンションらしいわよ」

「そうだろうなぁ。一七階だっけ。そんなところに住んだら見晴らしはいいよなぁ。で、そのマンションがどうしたんだ」

「ご近所トラブルらしいのよ」

「なんだよ、嬉しそうだな」

「別に嬉しくはないわよ」

「日照権とか、そういう問題か」

「それは建てる時に少し揉めたみたいだけれど、今は建築の技術が進んで、ちょっと角度を変えるだけで、だいたいの家は問題なくて、何軒かには相応のお金を払って問題にはならなかったらしいの」

「ふーん。なら、なんなんだ？」

「ほら、あのマンション夏頃に出来て、九月くらいには引越してくる人が多かったんで、町会の人が秋祭りの寄付をもらいに行ったのよ。そしたら、けんもほろろに断わられたって」

「寄付っていうのは、善意でやるものだろう。断わっても問題ないんじゃないか」

「でもさ、あんな高級マンションに住んで、お金に余裕がないわけじゃないと思うの。それに永年住むんだったら、ご近所付き合いっていうのもあるだろうし」

「確かにな。でも、あんだけの世帯があるんだ。寄付する人も何人かはいるんだろう？」

「それがね、なんか団結が固いというか、一軒も出さないらしいから、三丁目の町会長が怒っちゃって、言わなきゃいいこと言ったのよ」

「なんて」

「この町内に住む以上、神社の氏子なんだって」

「それはマズイな。やっぱ、今はいろんな宗教の人、いるからな」

「で、そのあと、祭りの当日にまた揉めたのよ」

「どうしたんだ」

「マンションにも子供のいる家があって、子供同士は学校とかで友達になって。一緒にお神輿《みこし》担ごうってきたのよ。そしたら町会長が『氏子でない家の子供には担がせねえ』って言ったもんだから。その時は、他の役員が『子供のことだから』って担がせてあげたけれど、あとで問題になって」

「困ったもんだな」

「あとほら、お神輿担ぐと子供はお菓子がもらえるでしょう？」

「あれ、楽しみだったなぁ」

「ノスタルジーに浸ってる場合じゃないの。エレガンスマンションの子供たちのぶんがなかったもんだから、役員の相川さんが駅前の百均に行って急遽買ってきて配ったんだけれど、そこでまた町会長が、今度は相川さんを怒鳴りつけて」

「なんで？　相川さんって角刈りのまだ三〇歳くらいの人だろう。なかなか気が利くじゃないの」

「引越してきたばかりで、マンションの人たち町会費も払ってないのよ。実はその前にも役員の人が集金に行った時に、町会費は任意だから、マンションの住人は払いません、みたいな話だったのよ」

「あー、そういう話はよく聞くね。でもさ、子供に配る菓子って町会費から出てたの？」

「当たり前でしょう」

「お米屋さんがお菓子も寄付してくれてたのかと思ってた」

「嘘？」

「だって俺らの子供の頃はコンビニとかなくてさ、お米屋さんでお菓子売ってて、お祭りでもらうのはたいていお米屋さんの賞味期限ぎりぎりのお菓子だったから」

「あなたのノスタルジーはいいわよ。とにかく、そんなことで今、三丁目はタイヘンなのよ」

「誰か仲裁する人いないのかね。本来なら町会長が仲裁するんだろうが、それが当事者なんじゃ困るね」

「ほら、相川さんに怒鳴ったから、役員の中にも町会長が悪いって言う人もいてね。でも、エレガンスマンションの人たちももう少し友好的だといいのに」

「でもさ、子供たちは仲良くなってるんだろう?」

「みたいね」

「案外、そのへんが鍵になるんじゃない?」

「町の子とは遊ぶな、とか、マンションの親たち言ってそう」

「偏見だよ。よしんば言ってもさ、親が何を言おうと、子供は友達と遊びたいものだよ」

「だと、いいけどね」


喧嘩の仲裁なんて、なかなか出来るものではない。

落語ではたいてい大家さんが仲裁を買って出る。ところが、「三方一両損」の大家は、「俺の顔が立たない」とか言い出して騒ぎを大きくしてしまう。中には、「井戸の茶碗」の大家のように、武士の喧嘩にも理を諭して仲裁するような人もいたりする。

仲裁のやり方は、まず双方の言い分を聞くところからはじめる。その上で白黒をつける、なんていうのは駄目だ。たとえ片方が正しくて、一方が間違っていても、間違った者に「それはお前が悪いから謝れ」と言えば、その場は仲裁人の顔を立てて謝ったとしても遺恨が生じる。仲裁人に対しても「あいつの味方をしやがって」と恨んだりするものだ。

では、どうすればいいのか。まず言い分を聞くのだが、こんなのはまともに聞いてはいけない。聞いているふりでいいんだ。お互いの言い分を吐き出させることが肝心。一通り話を聞いたら、「よし。お互いの言い分はわかった」。この一言でいい。双方とも、仲裁人がわかってくれた、ということで一応は安心する。裁判官を気取って、よしあしなんかを決めてはいけない。あえて言うなら、「それはお前が悪い。だが、お前もよくない」と両方を叱るくらいでいい。

喧嘩なんていうのは、どっちがよくて、どっちが悪いなんていうのはないんだ。きっかけはどっちかが悪いのかもしれないが、ちょっとした誤解やコミュニケーション不足、言った言わないの行き違いから起こることが多い。お互い様なものなのだ。原因を究明して、どちらかに軍配を上げる類《たぐい》のものではないのだ。

だから、話は聞く。お互いの言い分を吐き出させたら、「よし。わかった」と言えばいい。わかってなくても「わかった」と言うことで当事者たちは一応納得する。そして、酒を飲んで「水に流せ」、これでいいんだ。酒が飲めなきゃ、ケーキでもいい。飲んで食って綺麗に忘れる、これに尽きるのかもしれない。

上方落語「胴乱の幸助」あらすじ

胴乱の幸助という仇名の割り木屋のおやっさん、つまり薪屋、燃料屋の主人は四国から出てきて一生懸命働き、割り木屋の店で成功しそこそこの財産も築いた。若い頃から一生懸命働いているから、道楽なんてない。音曲や芝居など見たこともない。その幸助の唯一の道楽が喧嘩の仲裁。喧嘩と見ると間に飛び込んで、「待った待った、この喧嘩は預かった。お前ら、わしが誰だか知っているか」「割り木屋のおやっさんでしょう」「知っているなら話が早い。こっちへ来い」。二人を料理屋の二階に連れて行き、酒を飲ませて仲直りさせる。子供の喧嘩にも割って入って、饅頭を食べさせて仲直りさせる。犬の喧嘩にも割って入って生節《なまぶし》食わせて仲直りさせる。そんなものだから、幸助を見掛けると、酒を飲みたい若者たちはわざと喧嘩をはじめたりもする。

その幸助がある日、稽古屋の前を通り掛かると、浄瑠璃の「帯屋」の稽古中。姑の嫁いびりの場面を聞いた幸助が仲裁をしようと稽古屋に乗り込む。稽古屋の師匠は京都の話だと言い、物語を説明する。帯屋の長右衛門と女房の絹、父親の半斎は幸福に暮らしていた。半斎の後妻のおとせが悪い婆。連れ子の儀兵衛を帯屋の主人にしたいために画策する。長右衛門にも弱味があった。隣家の一四歳になるお半とわりない仲になっていたのだ。そして、お半は長右衛門の子供を妊娠……、ここまで聞いて幸助は、この一件を解決しようと京都へ飛んで行く。

[おすすめCD]『特選!! 米朝落語全集 第二十二集』(EMI)

三、堪忍袋の緒が切れる――「赤穂義士伝～刃傷松乃廊下」

「堪忍袋の緒が切れる」という時が人間にはある。

あるんだけれど、通常はあってはならぬとされている。

社会生活を送っていれば、トラブル、揉め事はなるべく避けたい。トラブルを避けるために、根まわししたり、いろいろな人の顔が立つよう配慮したりするのも仕事のうちだ。またそういう役職も企業などにはあるのだろう。

それでもトラブルは発生する。そんな時はどうするか。誰かが我慢をするしかない。そういう時のしわ寄せはたいてい一番弱いところに集まる。

そんなの理不尽だ、と声を上げても、それは無駄というものだ。

人によっては、気の持ちようだ、とも言う。我慢じゃない、人生の修業だ、などと言う人もいる。我慢をすることで人間として成長するんだ。詭弁だよ。我慢の先に果たして希望はあるのか。

あるいは、我慢の代価が給料なんだ、と言う人もいる。多くのサラリーマンはそう思って我慢しているのかもしれない。

一番酷いのは、自分よりもさらに弱い奴を見つけて、それを虐めて我慢を強いることで溜飲を下げる奴。たまにいる。だが、そうしたくなる気持ちもわからなくはない。

「金持ち喧嘩せず」という言葉があるが、金持ち、権力者はいろいろな人たちに守られているから、喧嘩なんかすることはない。

だが、追いつめられた人間は何をするかわからない。まれに、まれにだが、「窮鼠猫を噛む」などということもあるんだ。


「なぁ、吉田」

「なんだよ」

「堪忍袋の緒が切れたことってあるか？」

「藪から棒だな。なんだよ、堪忍袋って」

「えっ、もしかして、お前、堪忍袋、知らないの？」

「知らない。何、その袋って」

「マジかよ。一般常識だろう、堪忍袋くらい」

「そんな袋の話はじめて聞いたよ。なんだ、どんな袋だ」

「ふざけて言っている？　えーっ、まさかホントに知らないのかよ。マジかよ」

「うるせえな。知らなきゃいけないのか！」

「ははは。堪忍袋の緒が切れてやんの」

「なんだよ、それ」

「いやいや、悪い悪い。ようするにさ、人は腹が立つことがあるだろう。でも、たいていは我慢するよな。我慢することを堪忍って言うだろう。ただの我慢じゃない。ひたすら耐え忍ぶような様子が堪忍」

「なるほど」

「その時、なんというんだろうな、比喩的な表現で、人間の体内に堪忍袋という袋があって、怒りの感情を溜め込んでゆくんだ。溜めた感情が外に出ないように、袋を締めておく。だが、怒りの感情はどんどん溜まってゆく。そして、ある日、堪忍袋の緒がプッツリ切れて、怒りの感情がドバーッと吹き出すことがある」

「つまりなんだよ、そうならないように、人間は堪忍袋のガス抜きをしなくちゃいけないってことだな」

「そういうことなんだがな」

「こうやって友達と酒飲んだりな」

「酒はよく飲んだんだけれどな」

「どうしたんだよ」

「いやな、会社の同僚で、とうとう堪忍袋の緒を切っちまった奴がいてな。理不尽なことを言う同僚がいて、そいつをついポカリ」

「なんだよ、今時の若い奴にしては随分、威勢がいいじゃないか」

「そういう問題じゃないだろう」

「えっ？」

「会社で暴力はまずいだろう」

「そら、まずいわな。でも男同士だろう？　一杯飲ませて仲直りさせて、それでいいじゃないか」

「そうもいかないらしいぞ」

「なんで」

「殴られたほうの怒りが収まらないというか、総務部に警察呼べって。まぁ、総務部にそのへんのことを心得ているおばちゃんがいて、警察沙汰だけは回避したけれどどな」

「あとはお前の仕事なんじゃないのか」

「えっ？」

「殴った奴にきっちり謝らせてさ。殴られた奴だって、なんで殴られたかはわかってるんだろう？　お前が間に入れば、四の五の言わないんじゃないの？」

「俺さ、殴ったほうと仲が良いからさ。なんか言っても、殴ったほうの味方だと思われているからな。喧嘩っていうのは、その場でケリはつかないよなぁ。お互いもまわりもあとを引き摺るな。だから、堪忍袋の緒は切っちゃいけないんだよ」

「でも理不尽なことは多いぜ」

「たとえ理不尽でもな、俺らは社会人だから暴力は絶対駄目なんだ。多分、山本は……、殴った奴はなんらかの処分を受けるだろうが、それで暴力がいかに悪いかを反省することになるだろう。俺らも人のふり見てだな」

「お前も殴ってやりたい奴がいるとか」

「いるよ。まず、お前だろう」

「おいおい」

「嘘だよ」

「殴られたほうが可哀想だな。騒ぎ大きくしてさ、同僚を処分に追い込んだ。殴ったのは悪いけれど、それを許せない、度量が狭いのを、会社中に晒しちゃったわけだろう？　付き合いにくい奴って皆から思われる。会社に居辛くなるんじゃないかなぁ」

「だろうな」

「やっぱり、お前が一肌脱いでやれよ」

「俺が？　俺に何が出来るんだよ」

「そんなの知らないよ。でもさ、お前がそいつらの一番近くにいるんだろう？」

「だよな。なんかやってみるかな」

「堪忍の袋を常に肩に掛け、破れたら縫え、破れたら縫え」

落語「天災」では、心学者、紅羅坊名丸《べにらぼうなまる》が「堪忍の美徳」を説く。人に殴られれば腹が立つが、屋根から瓦が落ちて当たったと思えば腹も立たない。天災だと思って諦める。決して我慢じゃないんだ。諦める。そういう境地にいれば喧嘩は起こらない。

だが言われた熊五郎は「喧嘩は損得でするもんじゃない。腹が立ったら殴る」と言う。なるほど、自分の心のままに生きる、何にも捉われない生き方もカッコイイのかもしれない。だが、そんな生き方はどこかで躓くだろう。世の中そうそう心のままには生きられない。名丸はそのへんのところを詳しく説き、熊五郎は「こちとら天災を心得た」と、またいろいろ面白い話をふりまく。

現代人はやはり「損得」が頭をもたげる。そして、暴力では何も解決出来ないことを知っている。だから社会人は滅多に手は上げない。

それでも喧嘩は起こる。暴力沙汰も起こる。

酒の上で？　落語「らくだ」の屑屋の久六は酒乱だった。そういう奴もいる。

だがそれだけではない。やはり、どうしても我慢がならない、堪忍袋の緒が切れる時というのはあるのだ。堪忍袋の緒が切れる時は仕方がないのかもしれないが、切れる寸前に、結び直すなどしておく必要がある。自分だけで解決出来ないのなら、必ず身近な誰かに助けを求めることだ。堪忍袋の緒が切れそうになったら、とにかく一度立ち止まることだ。
とりあえず深呼吸、それで駄目なら缶コーヒー。とにかく落ち着いてから、次の行動に出ようじゃないか。

講談「赤穂義士伝」あらすじ

講談、浪曲などでおなじみ「忠臣蔵」。「忠臣蔵」というのは歌舞伎の言い方で、歌舞伎では世間をはばかり室町時代の話とし、人物も大石内蔵助を大星由良之助と役の名前を変えているが、実は元禄の話で、主人公は忠義の臣の内蔵助、という意味から「忠臣蔵」と言う。講談では「忠臣蔵」でなく「赤穂義士伝」と言う。

元禄一四年三月一四日、江戸城松乃廊下で、浅野内匠頭《たくみのかみ》が吉良上野介《こうずけのすけ》に斬りつけた。五万三〇〇〇石のお家と、二八〇〇人の家来を路頭に迷わすことを引き換えにしてまでも吉良上野介に斬りつけたのだ。多くの人間が傷つき、赤穂浪士の討ち入りで、吉良方も死傷者を出し、赤穂浪士は義士と讃えられるが全員切腹、元禄時代のセンセーショナルな事件の幕開きとなったわけだが、この遺恨というのが、いまだに謎なのである。内匠頭の堪忍袋の緒を切らせたのは、どれほどの遺恨か。

［おすすめCD］国本武春『大忠臣蔵』（SPACE SHOWER MUSIC）

四、相手が強けりゃ逃げちゃえばいい――「清水次郎長伝」

喧嘩をしよう、とりわけ腕力にものを言わせる、なんていう奴はたいていが腕っぷしが強い。自分は強い、ということを自慢したいがために喧嘩をするようなところがある。

だがホントに強い奴は滅多に喧嘩はしないものでもある。格闘家などは拳が凶器になることを知っている。相手の命も奪いかねない。それを知っていれば滅多に手は出せないだろう。また格闘家は、世の中には自分よりも強い奴がいることも知っている。強い奴を倒すことで、自分がより強くなるのだと戦いを挑む闘士もいるが、それは喧嘩ではなく試合である。遺恨を持って拳をふるうことは、格闘家には許されない。

喧嘩を業としている者にやくざがいる。喧嘩が強いことが看板で、何をされるかわからないと相手に思い込ませることで、諸々の揉め事の仲介をしたりする。

前にもふれたように、映画のやくざは「弱きを助け強気をくじく真の侠客」などと言い庶民のヒーローでもあった。彼らがアウトロー（無法者）と呼ばれたのは、当時のロー（法律）は権力者のためのもので、それに反発することを是としたからだ。「真面目に働け」は「真面目に働いて納税しろ」という意味である。それに反抗して、爪先を綺麗にして（爪が汚れる農業などをしない）生きる。そして、時には、庶民の味方の旗頭となって権力者と戦った。だから庶民に親しまれた。権力者と対抗するには一人では戦えない。だから、やくざは団結した。親分子分、義兄弟、そういう絆を大切にしたのは、権力者と戦うためなのである。まぁ、中には十手を預かり、権力者の手先となるやくざもいたが、そういうのは講談、浪曲、時代劇では仇役として登場する。

「漢《おとこ》になる」とは、強さの顕示と同時に、反権力を謳うことでもあった。だから、弱味だけは見せられない。庶民は怒りをこらえて我慢する。やくざはたとえ相手が強くても、命を賭して立ち向かう、逃げない我慢をしなければならなかった。


「ご近所トラブルはどうなった？」

「ますます悪化」

「なんで？」

「相変わらずエレガンスマンションの住民は町会費払わない宣言しちゃっているし」

「任意なんだから仕方がないよ」

「あと、町内の行事に文句をつけはじめたわけよ」

「たとえば」

「火のまわり」

「あー、防犯委員の斉藤さんだっけ。中心になってやっている……」

「今時、あんなことやって火事が減るわけない。時代遅れだって」

「町会費払っている人が言うなら、わかるけれどな」

「私たちがやっている子供への声掛け運動も、知らない人の声掛けは迷惑だって。犯罪者と防犯委員の区別がつかないって。私たちまで犯罪者呼ばわりよ」

「おいおい、お前も町会側で喧嘩の当事者になってるんじゃないだろうね。勘弁してくれよ」


「大山さん、山本の処分、どうなりそうですか」

「多分、新潟支社に異動になりそう」

「そうですか」

「降格という形ではなく、あくまでも新潟支社の営業強化のための転勤。山本君の経歴に傷はつかない。黒木専務の後押しがあったみたい」

「なるほど。引越しの手伝いが利いたか。偉い人にはゴマすっといたほうがいいかな」

「何？」

「いや、なんでもないよ」

「黒木専務がいたからいいけれど、うちの山田総務部長なんか、最初は、暴力は絶対に許せん。解雇もありうるとか言っちゃってさ」

「会社として考えたら、信用問題ですから」

「そうじゃないのよ。私怨」

「えっ？」

「二五年前に、山田部長、黒木専務に殴られたんだって」

「ホントですか？」

「資料室の橋本さんに聞いたから間違いない」

「会社の生き字引さんね。でも山田部長って、大学では相撲部だったって？」

「みたいだけど、その頃は黒木専務の気迫が違ったって。よほど理不尽なこと言われたらしくて、黒木専務が一発殴ったら、山田部長は飛んで逃げたって」

「逃げるが勝ちか」

「勝ちじゃないわよ。それで評判落として、結局、山田部長は役員になれなかった」

「沢田のことが心配だな」

「えーっ、てっきり山本君の味方だと思ってたのに」

「俺は公平な立場にいるよ。というか、やはり山本は暴力ふるったんだからな。処罰もやむなしだよな」

「飲みに行く相手がいなくなって寂しいんじゃない？」

「それはある」

「私が付き合おうか」

「やめとく」

「逃げるの？」

「はぁ？」

「誘惑したりはしないわよ」

「そんな。いや、早く帰って……、うちの近所でもトラブルとかあるみたいで」

「そら、タイヘン。でも、そんなのは早く解決しないとね」

「えっ？」

「春にはまた新人入ってくるから。忙しくなるわよ」

「新人教育か」

「飲みニケーションも教えないと」

「そうですね」


うっかり喧嘩沙汰に巻き込まれる、なんていうことはない話ではない。

そんな時はどうしたらいいか。最善策は「逃げる」であろう。

相手が強いかどうかはわからないが、もし仮にあなたが腕っぷしに自信があっても、やはり生兵法は怪我のもとだ。強くなくても喧嘩慣れしている奴はいるし、刃物を持っている場合もある。仲間を呼ぶかもしれない。

逃げる時は、なるべく表通りを逃げたほうがいい。人目があれば、乱暴も出来ないし、警察を呼ばれる場合もある。乗物に乗って逃げるというのも得策だ。そこまで追ってくる執念深い奴もいまい。

逃げる方法はいくらもあるが、友達といたりすると、友達を見捨てて逃げるわけにはいかなかったりもする。見捨てるんじゃない。一時退くと思えばいい。で、ことが大きくならないうちに警察を呼んだほうがいいかもしれない。

「逃げるなんて卑怯？」、そんなことはない。織田信長だって、金ヶ崎の戦いで浅井長政の裏切りにあった時は一目散に逃げている。

「強いばかりじゃ漢《おとこ》になれない。勝つを知って、負けるを知る、進むことを知って、退くことを知らなきゃ駄目」

これは浪曲「清水次郎長伝」の文句。

ホントに漢になりたきゃ、つまんないいざこざは避けて通る。巻き込まれないようにするのも、また知恵の一つ。やむなく巻き込まれた時は、一目散瑞徳寺、早いうちに逃げちまうことだ。

浪曲「清水次郎長伝」あらすじ

東海道の侠客、清水港に住む次郎長の生涯を綴る。浪曲では、二代目広沢虎造で一世風靡。次郎長の子分、森の石松が旅に出て、船の上で江戸っ子とやりとりする「三十石」が有名。そのあと、石松は都鳥一家とのトラブルに巻き込まれ、閻魔堂で命を落とす。

身受山鎌太郎という侠客から石松は五〇両の金を預かるが、金に困っている昔馴染みの都鳥吉兵衛から頼まれて、石松は吉兵衛に金を貸す。返せない吉兵衛は、一家と助っ人、合わせて一〇人で石松を騙し討ちにする。石松は濠を飛び越えて逃げた。友達の小松村七五郎と女房のお民に匿われるが、七五郎に迷惑は掛けられないと外へ出る。傷を負い歩くのもままならない石松が閻魔堂で休んでいると、都鳥一家一〇人がくる。「強い強いと聞いてはいたが、野郎逃げちまいやがった。石松は卑怯な野郎だ」。これを聞いた石松が「やい、手前ら」、一〇人の前に飛び出した。

[おすすめCD] 広沢虎造『蔵出し浪曲名人選』(キング)

第六章　大人の謝罪術

喧嘩を丸く収める方法に「謝罪」がある。

どちらか一方が非を認めて謝ることで、丸く収まることもある。

だが、世の中には「謝って済むことと済まないことがある」などと言うこともある。

また、欧米では謝ると非を認めたことになるので、謝らない。非を認めると罰が重くなる場合があるからだ。だから、非を認めずに、あくまでも戦う。そうすることで自身の不利益を回避する。それも考え方の一つかもしれない。

でも、謝って済むことなら、簡単に謝る。軽くぶつかれば「I am sorry」「Excuse me」は誰だって言う。そのほうが合理的なのだろう。

我々がつい口にしてしまうのは、「謝って済むなら警察はいらない」。ことの重大な過失に気づかず、表面的に頭を下げられても「許せん」という気持ちから、ついつい口に出ることもあるだろう。

だが、「謝って済むなら警察はいらない」という言葉は、「謝っても許されない」というのが本来の意味ではなく、「謝れば済むんだから、警察は必要ない」と言ったのは宮藤官九郎だが、この解釈はおおいに正しい。

「謝っても許されない」ことはないのである。許されなくても謝罪する意思を相手に伝えることは重要で、それで相手の気が和らぐこともある。謝罪はトラブルにおいて、人間関係を円滑に運ぶ方法の一つである。

一、真摯な謝罪――「猿後家」

トラブル回避の方法の一つに謝罪がある。悪くなくても、状況改善のため、とりあえず謝る、などということは社会人なら一度や二度はあるだろう。菓子折りを持って謝罪に行く、というヤツだ。

だが世の中、謝って済まないことも多い。賠償金だ、慰謝料だ、という話に結局なるんだから、何もいちいち謝らなくてもいいじゃないか、というのも考え方の一つである。でもやはり、何か被害を蒙った側は、加害者からの真摯な謝罪が欲しい。「ごめんなさい」の一言で、心が救われる場合もないわけではない。謝ってもらったって心の傷は癒えない、という場合もあるかもしれないが、そういう傷も時間が解決する。その時に、「あの時、謝罪の言葉があった」というのが心の拠りどころになる場合もある。

個人のトラブルも同じだ。個人の喧嘩なんて、言った言わないのことが多い。「お前、悪口言ったろう」「言ってねえよ」、そんな程度だと、いちいち謝るのもバカバカしい。だがそんな程度のことから拗《こじ》れて、その人と一生疎遠になる、などということもないわけではない。あの時、謝っておけばよかったと思っても、時間が経つと謝るのも難しくなる。

謝罪は案外難しいんだ。謝るきっかけとか、タイミング、謝り方もあったりする。だが、形式じゃないんだ。「とりあえず謝っとけばいい」という気持ちはすぐに読まれて、さらなるトラブルを生む可能性もある。謝意を真摯に伝えることが大事だ。


「先輩、ご心配掛けて、すみませんでした」

「山本、こっちこそ、力になってやれなくて、悪かったな」

「いいえ。先輩には先輩の立場があるでしょうから」

「いや、早くに間に入ってやればよかったんだろうが、俺の技量不足だ。ホントにすまんな」

「先輩に謝られたら、俺、立場ないっすよ。今まで、ありがとうございます」

「これでもう会えないわけじゃないだろう？」

「でも」

「まぁ、新潟に行っても頑張れや」

「はい」

「まぁ、東京きたら、また飲もうや」

「はい」

「時に、山本、沢田には謝ったのか？」

「いいえ」

「なんでだよ」

「なんでって言われても」

「やっぱり、一言、謝っといたほうがいいんじゃないか?」

「でも……、いや、謝ろうと思ったんですけれどね、なんか向こうが受け付けないって雰囲気で。そうこうするうちに、自分の中でも、なんで俺が謝らなければいけないんだ、って気持ちが持ち上がって」

「気持ちはわからなくないがな。一言謝っておかないと、先々、気まずくなるぞ。そんなに大きな会社じゃないんだ。また顔を合わせて一緒に仕事することになるかもしれないしな」

「でも先輩、そんな先々の損得で謝れないですよ。うわべだけ謝るのは出来ますよ。先輩が土下座しろと言うなら、土下座でもしますよ。でも、それでいいとは思わない。俺の中では、向こうが悪いと今でも思っていますから」

「まぁ、いいさ。もう少し考えてみろよ。新潟行く前に出来たら一言、謝罪の言葉があれば、沢田も楽になれるんじゃないかな」

「沢田が楽に？」

「そうだよ。沢田も苦しんでると思う」

「俺にはよくわからないです」

「ねえ、山本君の件だけれど、どういうことよ」

「大山さん、どういうことって何が？」

「何がって……、美由紀ちゃんとのことよ」

「あー、どうするんだろうね。遠距離恋愛？」

「新潟と東京なんて、新幹線で二時間ほどよ。それに本社出張もあるんだし。なのに」

「えっ？」

「山本君、美由紀ちゃんと別れるって」

「なんで？」

「こっちが知りたいわよ。『遠距離は無理だから。ごめん』だって」

「遠距離ってほどの距離でもないのに？」

「わかんないけど、今時の若い人の考えることは」

「美由紀ちゃんは納得したの？」

「するわけないでしょう。そんな一方的な話。第一、原因作ったのは山本君なんだから。美由紀ちゃん、泣いていたわよ。酷いと思わない？」

「大山さんが怒ったってしょうがないでしょう」

「怒りたくもなるわよ」

「美由紀ちゃんが泣いて、大山さんが怒って、そしたら俺は笑うしかない」

「何、バカなこと言ってるの！」

「いや、ごめんごめん」

「謝り方が口だけ！」

「どうもすみませんでした」

「もう。とにかく、山本君にちゃんと納得のゆく理由を聞いてください」

「俺が？」

「あの二人くっつけたの私たちでしょう？」

「何もしなくてもあの二人はくっついたと思うし、奴らも大人なんだから。二人で決めたことは、そっとしといてやればいいいんじゃないの？」

「そんなことない！」

「多分、山本にしては、いろんな負い目もあるんだろう。放っておいたら？」

「何を放っておくのよ。男はこれだから駄目よ。女は放っておかれるのが一番嫌なのよ！」

　謝罪も状況によっていろいろ違うと思う。

　やはり、会社などで、相手の機嫌を直してもらわないと大きな損失に繋がるような場合は、謝罪も相当真剣なものになろう。

　うわべだけの謝罪はすぐに見抜かれる。というか、相手が怒っている場合は、ちょっとやそっとの謝罪では、とりつくしまがないのが普通だ。「言い訳はよくない」というのは、怒っている相手に弁明をしても聞く耳を持たないという意味だろう。相手だって、どういう理由で失態が起こったかは知りたいはずである。怒りが収まった時に説明する責任はある。

怒っている相手には、気長に真摯に、謝罪を繰り返すしかあるまい。もっと言えば、怒りなんてものはそんなに長続きするものでもない。怒るのもエネルギーがいるから結構疲れる。頃合いを見て謝罪すれば、許してもらえる可能性も増える。タイミングというのも大事だ。手紙による謝罪というのも効き目がある。今ならメールが即応性があるが、こと謝罪となると手紙のほうが有効だ。手紙は届くのに時間が掛かるから、怒りが収まりかけた頃に心のこもった手紙が届くと、相手もそれなりの気持ちで読むことが出来るというのもあるのだろう。

とはいえ、謝るのは決して気分のいいものではない。とくに自分が悪くないのに、体面を考えたりその場を収めるために、とりあえず謝るなどという時は嫌なものだ。でもまぁ、それも気の持ちようで、「俺が頭を下げて丸く収まるなら」くらいの気持ちでいれば、案外気も楽になるのではないか。

金を払う、坊主頭になる、土下座する……、謝り方にもいろいろあるが、謝って済まないことも世の中にはある。それでも相手の気が少しでも楽になるなら、迷惑を掛けた時など、真摯な謝罪が何よりだ。また謝ることで、たとえ許されなくても、少しは自分の気が楽になるとしたら。非を認めたことで、楽になれることもある。

落語「猿後家」あらすじ

顔が猿に似ている金持ちの後家さんがいて、彼女の前では「猿」という言葉が禁句になっている。「猿」と聞くと自分のことを言われたと思い、「キーッ」と怒る。出入りの源兵衛という男は、世辞上手で後家さんに気に入られているが、こやつが話の中でうっかり「猿まわし」と言ってしまったから後家さんは激怒。源兵衛はここの家が一番の得意先で、後家さんをしくじったら死活問題だから、謝罪も真剣そのものだ。だが、真剣な奴ほど、同じ失敗をする。世の中にはどんな落とし穴があるかわからない。

【おすすめCD】『昭和の名人 古典落語名演集 柳家小三治 二』（キング）

二、ピンチを切り抜ける謝罪術――「出来心」

もちろん、心を込めた謝罪が相手の心を動かす、というのはわからないでもない。しかし、さまざまなトラブルを謝罪術で回避することも時には必要であろう。

企業など、とくに接客業では、何か間違いがあった時のための謝罪マニュアルが完備されているところもある。それこそ、おじぎの角度は何度とか。顧客の被害や怒りに応じた菓子折りの金額とかもこと細かに決まっていたりする。

謝罪される側は、そんな謝罪でいいのか、というのもあるが、案外、怒りというのは一瞬のことで、それなりの時間経過があれば、収まっている場合が多い。並んで頭を下げられたり、課長だ部長だという肩書きの人が菓子折りを持って謝罪にくれば、それ以上なんか言おうという気も失せるものだ。頭を下げている者を上から怒鳴りつける、などということもそうそう出来るものではない。あんまり怒っていると、怒っているほうがみっともない、というのもある。

個人のトラブルでも同じだ。「お前が悪いから謝まれ」「いいや、お前のほうが悪い」などとやっていて喧嘩を長引かせるよりは、早めに謝ってでも、円満にことを解決したほうが利口だという場合もある。大人の対応というヤツだ。相手だって、とっとと解決したい。「悪いと思って反省するなら勘弁してやる」とか口で言いながらも、ホッとしている場合も多い。

ただ、なんだよね、自分から謝罪するのはどうしても嫌だ、という時もある。まぁ、それならそれでもいい。意地を張り通して己を貫くのも道の一つだ。


「沢田君、来週、社外研修に、僕と二人で行くことになりましたんで、よろしく」

「なんですか、社外研修って」

「これパンフレット」

「『ピンチを切り抜ける謝罪術』ってなんです、これ」

「顧客対応でトラブルが発生した時のセミナーだって」

「なんでこれに私が行かなきゃいけないんですか」

「営業だから。知っていて損はないだろう？」

「無意味に思いますが」

「上からの指示だよ」

「山本君が行けばいいのに」

「山本は新潟支社に転勤になった。だから、君と僕で行くんだ」

「パワハラですか」

「なんでパワハラだよ。こういう社外研修は今までも時々やっているだろう？　いいから一緒に行くんだよ」

「どうだった、沢田君」

「なんなんですか、さっぱり理解できませんね。謝罪のマニュアルを説明されても。こんなセミナーを聞いて、なんの役に立つんですか」

「そうかなぁ。わりと面白かったと思うけれど」

「顧客からクレームがきたら、とにかく謝れって言われているようなもんでしょう？　顧客のクレームがなんでも正しいわけではないですよ。ちゃんと調べて、しかるべき対処をするというのが正しいんじゃないですか」

「それはそうだが、とにかくカーッとなっている相手は何を言っても聞く耳は持たないだろう。とりあえず頭を下げて、冷静になる時間を持つというのは、わからなくはないがなぁ」

「冷静になればいいですけれどね」

「それはケース・バイ・ケースかもしれないがな」

「頭を下げることは決して恥ずかしいことではありません、なんて言ってましたけれど、自分が間違ってないのに、頭を下げるのがいいことだとは思いませんね。非を認めたことになりますよ。欧米だったら訴訟で負けます」

「ここは日本だから」

「日本だって、そうなってきますよ」

「だから、本質のところでは謝らず、とりあえず迷惑を掛けました、あるいはクレームのためのお手間をとらせましたと頭を下げるんだって言っていたろう？」

「気に入りませんね。だいたい考え方が古いですよ。古いと言えば、なんですか、あのたとえ話。韓信の股くぐりって」

「中国の漢の時代に活躍した豪傑のエピソードだろう。『恥は一時、志は一生』だと、無法者に言われるままに股をくぐったという」

「そんなのいつの話ですか」

「二二〇〇年前？」

「そんなことを聞いているんじゃないです。そんな昔の話、誰も共感しませんよ。今時、『股をくぐれ』と言う奴もいなければ、くぐる奴もいない」

「ミニスカートの女の子なら、股くぐるだろう？」

「それはそうかもしれませんが……、くぐりませんよ。くぐるわけないじゃないですか」

「たとえ話だから」

「たとえ話にしても無理がありすぎますよ」

「時には頭を下げることも必要だと言っているだけだよ」

「うわべだけ頭を下げられても、なんにもなりませんよ」

「山本は何も言わずに行ったんだって」

「その話ですか。山本君のことはもうどうでもいいです」

「じゃ、山本のことは許すんだな？」

「許すも許さないも。彼は罰を受けたんですから。もういいです」

「じゃ、山本が戻ってきたら、仲直りは出来るな？」

「それは無理です」

「なんで？」

「彼は何も反省していません。気に入らないことがあれば、また暴力をふるいますよ。そういう奴です」

「山本は君に謝りたかったと思う」

「でも謝りませんでしたよ」

「君が受け付けなかった」

「ええ。言葉で謝ってもらっても、何もなりません」

「やはり言葉での謝罪が欲しかったのか」

「いりませんって言っているでしょう。だから、今日のセミナーは無駄だって言うんです。謝罪の言葉よりも真摯な対応が大事だと言っているんです」

「そうだよ。だから、君と山本の間にもう言葉はいらないだろう。お互い苦しんだんだ。君も山本が苦しんだことをわかっているだろう？」

「……」

「なぁ、彼が戻ってきたら、三人で酒でも飲もうや。何も言わなくていいよ。黙って三人で酒を飲めばさ。それで次の日から、また一緒に仕事をする。それが真摯な対応なんじゃないのか？」


失敗をやらかすことはままある。

失敗の大小にもよるが、謝罪して責任を回避するということは、ない話ではない。

失敗がわかったところで、やるべきことは二つに一つだ。大急ぎで謝罪するか、何もかも捨てて逃げちゃうかだ。隠蔽して済むことはまずない。

隠蔽は必ず露顕する。それから謝罪しても、隠蔽したことが誠意のない行為だから、謝罪が嘘になる。だから、隠蔽はしちゃいけないんだ。

たいした失敗でなければ、早くに謝っておけば、

「やっちまったことは仕方がない。今度だけは勘弁してやる」

そう言う人もいないわけではない。

また、フォローしてくれる人も出てくるかもしれないし、対処法を考えることも出来る。

逃げちゃうのは責任放棄だが、余程のことで、もう責任のとりようがない時には、それも一

つであろう。

落語「紙入れ」で間男をした新吉は、謝るか逃げるかで迷う。間男だから謝っても多分許してはもらえない。ならば逃げるしかないのだが、逃げれば今まで築いてきた信用や仲間をすべて失うことになる。逃げるくらいなら謝って相応の罰を受けたほうがいいのかもしれない。逃げたほうが受けるダメージが大きいとしたら、そこは迷うところだ。

多少の失敗は謝罪で切り抜けるのが、得策だろう。なんとか切り抜ければ、「先日は失礼をいたしました」と、また相手を訪ねる口実にもなる。そうやって人との繋がりが深くなることだってないわけではない。

落語「出来心」あらすじ

失敗ばかりしている新米の泥棒が、親分から空巣狙いのやり方を教えてもらう。

「留守を探すんだ。夫婦者で亭主が働きに出ている。女房も買い物に出て戸締まりをしていない。そんな家を探すんだ。表から声を掛けて、返事がなければ留守だ」

「返事がしないからって、あわてて入るんじゃないよ。厠《かわや》にいないとも限らない。もしも相手がいたら、道を訪ねるふりをすればいい」

「入ったらまず逃げ口を探すんだ。いつ帰ってくるかもしれないからな」

下駄の音でもしたら、とっとと裏口から逃げちまえばいい。そして万一捕まった時の謝り方まで教えてもらう。

「まことに申し訳ございません。仕事がなく、八つを頭に五人の子供、七〇になる老婆が病気で寝ております。薬を買おうにも銭がございません。ほんの貧の盗みの出来心でございます」と涙の一つもこぼしてみろ。出来心じゃ仕方がないと許してくれて、うまくすれば小遣いくらいくれるかもしれない。泥棒も出来心だと言えば許される。まさか小遣いはくれまい。ようは同情心を買うのだ。

新米の入った家は家具なんか何もない貧乏所帯。そこへ家の者が帰ってくる。新米はドジを踏んだ。逃げ道を探していなかった。あわてて床下に隠れる。戻ってきた男は泥棒に入られたと気づくが、それをよいことに金や家財を盗られたと嘘を言い、家賃を待ってもらおうと画策する。

【おすすめCD】『落語名人会36 柳家小三治』（ソニー）

三、死んでお詫びを――「文七元結」

最大級の謝罪と言えば、「死んでお詫び」ということになるのだろうか。

昔ならば、武士の謝罪の一つとして「切腹」があった。たとえば、何か疑惑を掛けられただけでも、身の証しとして切腹するというのはあった。言い訳をするのは、いさぎよくない。疑われるのは隙があったからで、それも武士には失態に繋がる。だから切腹した。切腹したら、それ以上の疑惑の追及は行われない。真相究明よりも、切腹した者の尊厳を優先した。だからもしかしたら、疑惑は真実だったのかもしれない。しかし、彼の死をもって真相究明が行われないことで、家や主家を守った、ということなのかもしれない。

現代でも公金横領などで自殺するサラリーマンもいる。証拠の鍵を握る人物がたいてい自殺して、それで捜査が打ち切られる。上司や企業や、そこと繋がっている政治家が追及から逃れる。テレビのサスペンスじゃないが、そんな話もあったりする。

死んでお詫びにもいろいろある。たとえば、叶わぬ恋。人妻との恋とか、遊女と恋したが金がないとか。近松門左衛門の世界なら「心中」となる。人妻との恋なら夫への謝罪で、遊女との恋なら抱え主への謝罪の意味で心中するんだろうが、世間はそう見ない。「恋を彼岸の架け橋にあの世へ旅立つ男女」として祝福された。死んでも夫や抱え主はちっとも嬉しくない。心中は身勝手な死で、決して詫びてない。

なんにしろ死んじゃいけないよ。生きて責任をとるほうが辛いんだ。武士の美学は古い。逃げずに責任と向き合うのが、真実の謝罪ではないか。


「おう、吉田、しばらく。どうしたんだ」

「ちょっと、お前に聞いてほしい話があってな」

「なんだよ」

「まぁ、愚痴の一種だ」

「どうしたんだ」

「取引先が倒産してな」

「ヤバイじゃないか」

「そうなんだよ。債権回収出来ないとな、うちも厳しい」

「なんでまた倒産」

「経理の担当者が二億横領したんだと」

「また、やったなぁ」

「会社も管理不行き届きみたいなところもあってな」

「警察に捕まったのか」

「当人は死んでお詫びするとか言ったらしいが。結局死なないで警察のお世話。で、事件は明るみに。債権者が詰めかけて、結局倒産だ」

「そうか」

「二〇〇人くらいいたな、社員。全員失業で、取引先も迷惑してるよ。連鎖倒産するところもあるんじゃないかな。死んで詫びられても、どうせ発覚したんだろうけれどな」

「なんか、お前らしくないな」

「えっ？」

「横領犯が死んだほうがよかったみたいな口ぶりだ」

「営業担当とはわりと仲がよかったんだ。子供小さいのに職失って。ハローワークに通っているらしいがな。あいつのことを思うとな、なんでおめおめ生きてやがるのかって思っちゃいけないか」

「いけなかないけれどな、横領犯が死んだって、友達が就職出来るわけでもあるまい」

「そうだけどな」

「一体、何に二億も使ったんだ？」

「女と博打だ。女連れてよく競馬場に行っていたらしい。発覚直後に女と心中しようとしたら、女には逃げられたらしい。唯一そこがいい気味かな。女と死なれていたら、他の奴らは浮かばれないな。女に逃げられたら、結局一人だと死ねなかったらしい」

「横領犯には家族はいたのか」

「奥さんも子供もいたらしい。いたたまれんぞ。それだけの人たちに迷惑掛けてな。子供連れて田舎に帰ったらしいけれど、多分奥さんが一番死んでほしいと思っているんじゃないかな」

「かもしれないな。お前のところは大丈夫なのか」

「厳しいが、なんとか乗り切れそうだ。つまんない話をして悪かったな」

「人生いろいろだな。でもまぁ、死ななくてよかったんじゃないか」

「なんでだ」

「死ななかったから事件は解明された。金の使い道もわかった」

「使い道がわかったって戻ってはこない」

「今は皆、辛いと思う。だけど、何年かしたらさ、あー、そう言えば、女と博打に二億も使ったバカがいたなって笑い話になるだろう」

「なんだよ」

「いや、世の中にはそんな話はいくらもあって、新聞なんかでも時々見掛けるし、その金額がもっとバカでかい奴もいるだろうけれどさ。皆はそいつの顔を知っているんだろう？　お前ももしかしたら、話くらいしたことあるんじゃないか」

「あー、あるな」

「リアルにそんなバカ知っているなんて、ちょっと自慢じゃないか。自分の一生の中で、出会ったバカのベストテンつけるとしたら、確かにランクインするだろう」

「冗談にもならねえ」

「五年経ったら笑えるよ」

「思い出したくもない。でも、もしかしたら、笑えるかもしれないな」

「だろう？」

「お前、そんな楽天的な奴だったっけ」

「他人事だから言えるのかもしれない」

「そういう無責任に聞いてくれる奴じゃないと愚痴も言えないな。会社の奴とこの話をすると、横領犯ぶっ殺してやる、になるからな」

「それはそれでいいんじゃないか。怒りのぶつけどころも必要だよ。でも、俺は思うんだ。どんな時でもさ、自分から死んじゃいけないってな。多分、会社の仲間の中には怒りにまかせて『死ね』とか言った奴もいるだろう。ホントに死なれたら、そいつはいたたまれないと思うよ」

橋の上から身投げをしようとする人がいる。「待ちねえ」、通り掛かった男が止める。

「助けると思って死なせてください」

助けるのか死なすのか、どっちなんだよ。

落語や講談、浪曲によくあるシーンだ。落語だと「文七元結」「佃祭」、講談だと「国定忠治～山形屋」（身投げでなく首くくり）、浪曲だと「唄入観音経」だ。

金を落とした、盗まれた、という話。自分の金でなく、店の金だったり、年貢だったり。いわゆる公金を紛失した責任で自殺しようというのだ。

昔の人は責任感が強かったのか。大金は大金だが、横領したわけではない。盗難や過失による紛失だ。謝って済むものではないのだろうか。

今でも金のことで自殺する人は多い。公金横領、うっかり他人から預かっている金に手をつけてしまった、あとは借金も多い。聞くところによると、金のトラブルで自殺する人は、二〇〇万～五〇〇万円くらいの額のことが多いという。一〇〇〇万を超えると、どうせ返せないんだから、いいや、という気分になるわけでもないのだろうが。頑張れば返せる金額のほうが、頑張れなくなった時に切羽詰まって死を選ぶケースが多いのだろう。

そんなんで死んでは駄目だよ。

浪曲の「英国密航」、幕末、若き日の井上馨、伊藤博文ら五人の若者が国禁を犯してイギリスに渡るという話だ。この時、毛利侯から渡された資金は八〇〇両、しかしイギリス留学にはとても足りない。そこで井上らは江戸藩邸の金庫番の村田蔵六（のちの大村益次郎）にあと一〇〇〇両出すよう談判に行くが、蔵六は五人の前に黙って五〇〇〇両の金を並べた。五人の留学は日本の近代化のために必要、もし咎められたら自分が切腹すれば済むだけだから、黙って五〇〇〇両持って行け。五〇〇〇両は今の五億円くらいか。大村益次郎はご存じの通り、日本の兵制近代化を図った人物。死んで責任を取るなら、命に代えるだけの価値のある仕事をしなければ駄目だ。

わずかの金で……、大金でも人の命に比べればわずかな金だろう。そんなもんで死ぬことはない。あとのことはあとで考えればいいじゃないか。恥を忍んで生きよう。誰かが助けてくれる。誰も助けてはくれないかもしれないけれど、人生はなるようにしかならないんだ。

落語「文七元結」あらすじ

本所達磨横丁に住む左官、長兵衛は、腕はいいが博打で身を持ち崩した。娘のお久が吉原・佐野槌へ身を沈めて再起の金五〇両を作る。佐野槌の女将《おかみ》は情けを掛け、一年以内に金を返せばお久を店には出さないので必ず再起をしてほしいと言う。

吉原からの帰り道、吾妻橋で長兵衛は身投げをしようとしている文七を助ける。文七は横山町の鼈甲《べっこう》問屋、近江屋卯兵衛の手代。小梅の水戸家の屋敷に掛け取りに行くが、もらった五〇両を掏《す》られ、近江屋に申し訳ないから死ぬという。長兵衛はしつこく聞く。「お前の主人が我利我利亡者じゃねえんなら、よく詫びをすれば許してくれるんじゃないのか」「親戚か身寄りに行ってなんとかしてもらうわけには」。死なずに済む方法を考えるんだが、なかなか難しい。長兵衛は人の命には代えられないと、五〇両を文七にあげてしまう。

店に戻った文七、なんと五〇両は掏られたのではなく水戸家に忘れてきたのだった。あわてて主人に事情を話す文七。近江屋は長兵衛の男気に感心する。

翌朝、近江屋と文七は長兵衛の家に礼に行き、お久は身請けされ、のちにお久と文七は結ばれる。

【おすすめCD】『NHK落語名人選12　六代目三遊亭圓生』（ポリドール）

四、許す心——「柳田格之進」

以前、街中で何かのトラブルだろうか、土下座をしている人を見たことがある。何があったかは知らないが、土下座をさせているほうが嵩《かさ》に掛かって、頭の上から何かを怒鳴りつけていた。道行く人や足を止める人も、何かとてつもない不快なものを見たという感じだった。

事情はわからない。わからないけれど、勘弁してやればいいのに。それがあらかたの人たちの思いだろう。土下座をしている男、させている男、それから二人の関係者であろう男女が四、五人まわりにいて、彼らもニヤニヤ笑いながらその様子を眺めている。虐めのようにも見える。人通りのある場所で土下座をさせて恥辱を味わわせているのか、あるいは関係者の男女の前で自分の優位を示したいのか、嵩に掛かって怒鳴っている男が、土下座をしている男以上にみっともなく見えたのは私だけではあるまい。

土下座がどうのではない。世の中には、土下座を屈辱と感じる人もいれば、土下座で済めば安いものと腹の中で舌を出している人もいるだろう。むしろ土下座をさせている側だ。土下座にしろなんにしろ、謝罪は一つのケジメだ。そのあとで、金銭なりなんなりという話にはなるのだろうが、そこで一くぎりしてもいい。謝罪される側の「許す心」があってもいい。「許す心」をどう示すかが、人間の度量の試金石にも思える。

トラブルは一つのきっかけで、それにどう対処するのか。起こしてしまった側の、謝罪や対処のやり方、損害を蒙った側の「怒り方」、いや、「許すタイミング」などでも人間性が問われる。

「山本、お前と飲むのも久しぶりだな」

「はい」

「あれから三ヶ月か。どうだ、向こうの暮らしは」

「うるさい大家さんがいないのと、たまに飲みに行く先輩がいないくらいで、あとは同じですよ」

「そうか」

「仕事はむしろ新規開拓なんで、やりがいもありますし」

「栗林美由紀の件はどうなったんだ」

「別れました。その話はもういいです」

「よくないんだな。ぶっちゃけ言うと、俺もいいのかなって思った。男と女のことだから、自然になるようになる時はなるし、ならない時はならない。そういうもんだと思っていたけれど、総務の大山松子は、それじゃ、栗林美由紀が可哀相だって言うんだ」

「女子の結束、固いっすね」

「お前、もう新潟で新しい彼女出来たとか」

「それはないです。いくら、俺でも」

「少しはまだ想いが残っているなら……」

「……」

「遠距離ってほどの遠距離じゃねえだろう。なんか別に理由があるんだろう？」

「二回目なんですよ」

「何が？」

「人を殴ったの」

「人によるから。一度も拳を上げずに人生送れる奴だっているが、やむにやまれず拳を上げることもあるだろう。二回は多いほうではないと思うが、前はいつだ？」

「高校の時です」

「餓鬼の喧嘩じゃないか。なんで殴った？」

「その時もクラスに好きな女の子がいて、その女の子の前で悪口言われたんで、つい」

「わかるよ。それでどうした？」

「殴った相手が、ちょっと虚弱な奴だったんで、先生に呼ばれて、俺がそいつを虐めていたみたいなことになっちゃって停学食らいました」

「殴る相手を考えろよ。やっぱりさ、自分より弱い奴は殴っちゃ駄目だ。強い奴に挑んでボコボコにされるのも嫌だろうけれどな」

「停学が終わって学校戻っても、なんかクラスの奴らが疎遠になって、好きだった女の子からも避けられて。暴力がいけないことはわかっていたはずなのに、またやっちまって。美由紀とはこのまま付き合っていても、結局嫌われるんじゃないかって」

「そういう疑心暗鬼に陥ったわけだ」

「……」

「栗林美由紀と高校の好きだった女の子は違う人間だぞ。前がそうだったからって、今度もそうだとは限らない。いいか。高校生が感じることと、二〇代の社会経験のある女とじゃ、まったく違うし、とにかく人なんて、こうだって決めつけるもんじゃない。とにかく、とことん話し合って、結論はそれからでも遅くはない」

「もう遅いですよ。あれから三ヶ月も経ったし」

「遅いか遅くないかも自分で決めるな。二人のことは二人で決めろ。悪いと思ったら、まず謝れ」

「謝るんですか？」

「女の子泣かせたんだからな」

「は、はい」

「真摯な態度を見せれば、向こうだって許してくれるはずだ」

「土下座くらいしたほうがいいですか」

「土下座したけりゃしろよ」

「はい」

「はいじゃねえよ。今すぐ、ラインしろ！」

「いや……」

「早くしろ！　俺となんか飲んでる暇はねえぞ。女はいつまでも待ってないんだよ」

「はい！」


「松子先輩……」

「どうしたの、美由紀ちゃん」

「山本さんからラインが」

「へーっ。あー、係長、やっと説得してくれたわけね」

「えっ？」

「なんでもない、なんでもない。なんだって？」

「今から会えないかって。無理ですよね」

「無理じゃないんじゃないの？」

「……」

「ぐずぐずしないで、すぐに行きなさいよ」

「はい」

「あっ、向こうはね、多分謝ってくるけど、許しちゃ駄目よ。考えるふりしてね、少しためて。そういうテクニックを使いつつ、うまくやりなさい」

「どのへんで許せばいいんですか」

「土下座する一歩手前くらいで、許せばいいんじゃないの？」

「そのタイミングって、どうすればわかるんですか」

「そんなの自分で考えろ。大人だろう」


謝っている相手をどうやって許すのか。

世の中にはいろいろなことがあるから。それこそ、命の次くらいに大事な物を壊されたとか、許せないことだってあるから、許さない、という選択肢もあるんだ。それはそれでいいよ。一生怒り続けるのもパワーのいることだけれど、そういう道を選ぶというのもある。

問題はそれほどでもないことの時、どのあたりで許すかの見極めと、許すタイミングだろう。ささいなことなら、相手が謝罪してきた時に、「いいですよ。別に怒っていませんから。大丈夫です」でいい。何も言わなくてもいい。「この間はすみません」と言われたら、「済んだことですから、お気になさらずに」でいい。

重大なことで、怒るだけ怒って、「お前、絶対に許さないからな!」などと言ってしまうと、実際にもう怒りは収まっていても、はてさて、そう簡単に許してよいものか、と思うこともあるだろう。

二回三回と謝罪にきた時に、「今度だけは勘弁してやるよ」というのもある。潮時を見極めることは重要だが、基本は自分の気分でいい。そろそろ許してもいいと少しでも思ったら、許すことだ。だが、相手だって、何度も謝罪に行くのは決して気分の良いものではない。「絶対に許さない」と言っていたから、どうせ許してはくれないだろうと、謝罪にこない場合もある。

許しても、どうせ心にわだかまりは残るから。面倒だから、その相手との関係を断つのも選択肢の一つ。相手が謝罪にこないのも、同じ考えなんだ。会わなければ、普段から怒る必要もないんだから楽だよ。会わないで済むなら、会わなければいい。そういう相手は縁がないのだ。長い人生の中では、そういう人も少なからずいるだろう。

別にすすめるわけではないが、土下座というのは一つの「ケジメ」としてアリかもしれない。「土下座までしたんだから勘弁してやろう」と、許すほうに、矛を収めるきっかけを与えることにもなる。謝罪する側の思い遣りかもしれないし、そのあたりのさじ加減が人付き合いということだろう。

男女の痴話喧嘩でも土下座で解決する場合があるが、彼氏(夫)が土下座をする前に許すのも、女子の思い遣りかもしれない。

「柳田格之進」

落語に「柳田格之進」という話がある。講談にもある。

清廉な武士、柳田格之進は清廉過ぎて曲がったことが大嫌い。牛の角が曲がっているのも悔しがった。ために浪人をしたが、囲碁を通じて萬屋源兵衛という金持ちと懇意になった。ところが、柳田が源兵衛宅に囲碁を打ちに行った日に五〇両の金が紛失した。番頭の徳兵衛は柳田を疑った。

盗みの疑いを掛けられたことが柳田には恥辱で、切腹をしようとするが、娘の絹に止められる。絹は、相手は町人だから、盗んだ金を返せずに切腹したと思われる、ここは萬屋に五〇両渡し、いずれ金が出るだろうから、その時に萬屋源兵衛と番頭の徳兵衛の首を斬ればよいと言い、苦界に身を沈め金を作る。徳兵衛は柳田を疑っているから、「金が出たら、私と主人の首を差し上げる」と言い、上得意で五〇両を持って帰る。柳田は出奔する。源兵衛は番頭が友を疑い、大事な友情を失ったことを悔やむ。

大晦日、金が出た。源兵衛は柳田を探す。正月三日、徳兵衛は井伊家に帰参した柳田と会う。柳田に金が出たことを告げると、柳田は約束通り明日、首をもらいに行くと言う。翌日、柳田は萬屋を訪ねるが、かばい合う二人に刀をふりおろすことが出来ずに二人を許す。

浪人で貧乏な柳田と金持ちの源兵衛との交際術。お互いに心の友だと思っているが、家に呼んでご馳走する源兵衛の自然な振る舞いに、清廉な柳田には遠慮の気持ちがある。また自分は武士であるから、元の地位に返り咲いた時に利権が生じることも危惧している。それでも柳田は、源兵衛も清廉な人物であることを知っているから、交際をやめることが出来なかった。

そして、徳兵衛は、親のように慕っている源兵衛の、新しく出来た心の友の柳田に嫉妬に近いものを覚える。そうした三人の間に起こるトラブル。さらにはここに、娘の存在も絡む。

この話のエンディングは何種類かある。さまざまな教訓を残す話で、そこに人付き合いの核が見えてくる一席だ。

【おすすめCD】『落語名人会22 三代目古今亭志ん朝』（ソニー）

第七章　お金のお話

友情がお金で壊れる、なんていうことはよくある。友情どころではない。お金が絡むと肉親ですら、血で血を洗う、なんてことになりかねない。そんなのはお金のある人たちの話。親がなまじ遺産なんか残すから、遺産をめぐって兄弟喧嘩が起こるんだ。なければ揉めることはない？　そんなことはない。なければないで、わずかの金を奪い合う。金は人の性格も変えるし、人間関係も変える。

「江戸っ子は宵越しの金は持たない」などとも言う。その日稼いだ金はその日のうちに使っちまう。別に金に無頓着なわけじゃない。職人で、腕があればいつでも稼げる、そんな自信からくることだ。江戸っ子だって金がなければ見栄も張れない。

やはり金は大事だ。大事なだけに扱いを間違えると、大変なことになる。あっても人間関係を誤ることにもなるし、なければ人付き合いすら出来ない。親しい人の葬式に線香上げに行くんだって、まさか香典を包まないわけにはゆくまい。友達同士で酒を飲みに行ったり、食事をしたり。金のあるなしで行く店だって違うから、「今日は割勘で」と言われて、金がなくて「その店は割勘は無理」では、金のある奴とは付き合えなくなる。いや、金のある奴が気を遣って、ない奴と付き合う時は安い店に行けばいいんだ。それだけじゃないか。いやいや、食事や飲み会なんて、金のある人が払えばいいんだ。そういう考え方もある。

あるならある、ないならないで身の丈に合った暮らしをすればいい。場合によっては自分と同じランクの人とだけ付き合えばいい。気楽でいいかもしれないけれど、それでいいのだろうか。そう割り切れる人は幸福だが、なかなかそうもゆかないのが人間でもある。

一、お金の貸し借り、信用ってなんだ？――「掛取萬歳」

何かのことで急に金がいることはままある。

友達の結婚式、あるいは葬式なんていうこともあるし、事故や病気になることだってあるだろう。

今なら、カードローンで借りるのがとりあえずてっとり早い。

昔もそういう手段はあった。質屋というのが街のあちこちにあった。品物を抵当に小額のお金を借りるのだ。どうして小額しか貸してくれないのかと言えば、大金だと返す時に大変だからだ。とりあえず必要な金額だけ貸す。庶民のことを考えた金融システムだ。

質草にはどんな品物があるのか。今なら宝石やブランド品になるのだろうか。男性なら時計というのが定番だ。男性が時計にいいものを持つのは、いざという時に質屋でそこそこの金が用意出来るという意味もあった。つまりいい時計をしている男は、困った時は時計を質に入れてなんとかしてくれる頼りになる男ということだ。

昔は、着物や装飾品、布団なんかも質入れ出来た。酷いのになると、冬場に夏物の着物を質入れし、夏になると請け出して、冬物を質入れするなんていう人もいた。利息が保管手数料で、質屋を箪笥代わりにしていた。家が狭い貧乏人の知恵でもあった。

「女房を質に入れて初鰹を食べる」などというフレーズもよく出てくる。まさか女房は質入れ出来まい。だが、江戸時代の落語には、女房を質入れするネタもあったりする。

とりあえず小額のお金を借りるなら、友達から借りるというのはある。これが人間関係を壊すもとになることはままある。人にお金を貸すなどというのは余裕がなければ出来ない。人間関係を壊したくなければ、あげたと思えばいい、などとも言われる。貸して返してもらえないよりも、借りて返せないほうが実は気まずく、疎遠になるから人間関係が壊れる。

ところが、借りがあることで、いつかは返すという思いがあって長い付き合いになる、ということもある。ものは考えようだ。


「吉田か。なんだ電話なんかしてきて、どうした？」

「お前、高校の同級生で植木って覚えているか？」

「植木？　知らねえなぁ」

「写真部だった植木だよ。ほら、女の子の写真撮って、三〇〇円で売っていた」

「携帯カメラもプリクラもない時代の懐かしい話だな」

「思い出したか？」

「思い出した。ブスの写真押しつけられた。その植木がどうした？」

「先週の日曜、一〇年ぶりくらいで電話があって、近くにきたから会いたいって言うんだ」

「会ったのか」

「会ったよ。でも、そんなに親しくないし、なんなんだろうとは思ったけれどな。だいたいそういうのは、宗教の勧誘か、なんかのセールスか、あとは選挙のお願いとかだとは思ったけれどな。やっぱり、なんだよ、昔の友達だと懐かしさもあるしな」

「それはあるな。俺も暇だったら会っているかもな」

「宗教や選挙だったら、その場で席を立ってもいいくらいの気持ちで行ったんだ」

「うん」

「もっとストレートだった」

「なんだ？」

「いきなり、金を貸してほしいと言われたよ」

「おいおいおい」

「驚くだろう？」

「いくら？」

「三〇万とか言っていた」

「微妙な数字だな。ないわけではないが、一〇年ぶりに会う奴に貸せる金額でもないよな」

「俺もそう言った」

「一体なんで金がいるって？」

「出産費用だって」

「なんだそれ？」

「植木の話だとな、実家の仕事を継ぐために会社を辞めて、夫婦で親と同居したら、親と嫁とが揉めて、仕方なく家を出た。アパートを借りるので貯金は全部使った。実家の仕事も辞めて、新しい会社に入ったがまだ見習いで給料が安い。そんな時にかみさんが妊娠したって言っていた。名刺とか出して、近々正社員になるから金はすぐに返せるとも言っていたけれどな」

「貸したのか？」

「貸すわけないだろう。そんな話、ホントかどうかもわからないしな」

「嘘だよ。よく出来た嘘だが、調べればすぐにわかる」

「友達の言うことが信用出来ないのか、とか言ってたがな」

「一〇年ぶりに会う奴を信用するほうがおかしいぞ」

「すぐに返せるなら、カードローンで借りろって言ったら、カードは持っていない、まだ正社員じゃないからカードは作れないとか言っていた。なら親に借りろって言ったら、それが出来れば、お前には頼まないだって」

「高校の時だって、そんなに親しかったわけじゃないんだろう？」

「お前と同じだよ。ブスの写真売りつけられたくらいしか記憶にない。そんなわけでな、お前のところにも行くかもしれないから、気をつけろよ。用はそれだけだ」

「あなた、今日いきなり、あなたの高校時代のお友達って人が訪ねてきたわよ」

「嘘。まさか植木じゃないだろうな」

「そう。植木さん。なんか仕事で近くにきたから寄ったって」

「おかしいだろう。平日の昼間にサラリーマンの俺がいるはずないだろうに」

「そうなのよ。だから、私も新手の詐欺か、変なセールスかと思ったけれど、吉田さんとか、倉持さんとか、知ってるお友達の名前出すし。凄く懐かしがっていたけれど」

「まさか、お前」

「えっ？」

「金貸してないよな」

「ないない」

「それはよかった」

「なんなの？」

「吉田のところに金借りにきたらしい」

「じゃ、親しい友達のところに借り歩いているのね。お金に困っているみたいな話はしていたけれど、そういう話なら主人がいる時にきてくださいって断わったのよ。余程困っているのかしら。二万くらいなら貸してあげたほうがよかった?」

「貸さなくてよかった」

「だって困ってるんでしょう? 他に頼る人がいなくて、わざわざきたのよ」

「そんなに親しいわけじゃないよ。ホントに困っているのかどうかもわからない」

「なんか可哀相」

「えっ?」

「そんな風にして世間狭くしてるんでしょう、その人。普通の友達付き合いなら、お金のこと以外でなら力になってあげられるのにね」

「金以外で、あいつに力になれることはないんだろうな」


意外かもしれないが、江戸時代は借金社会だった。

商品は貸し売りが基本だった。棒手ふりの商人からは小銭で買うが、店舗を構えている店から買う物は量も多い。米、味噌、醤油、酒などは商店から届けてもらう。届けてもらうのだから、どこに住んでいて、なんの商売をしていて、家族構成がどうなっているかも知っている。それが信用になって貸し売りが出来た。

とはいえ、いろいろな事情から借金が返せないこともある。そんな時はどうするか。

「今月ちょっと厳しくて、来月まとめて払うから待ってくれないか」と言えば、たいていは

「来月まとめてですね。いいですよ」と待ってくれる。

そうやって便宜を図ってくれるのだから、買うほうも、よその店が少しくらい安いからといって、そっちで買ったりはしない。いつもの店で買う。それがお互いの信用に繋がる。

商店街が活気のある時代はそうだった。

それでもどうしても清算をしなければならない時がある。大晦日だ。一年のケジメをつけなければならない。落語では大晦日の借金取りとの攻防を描く、「掛取萬歳」「言い訳座頭」「睨み返し」などのネタがある。

信用というのは大事だ。どうすれば信用は出来るのか。それは人間関係だ。店と客。客は店にくる。店員は商品を客の家に届ける。「おはよう」「こんにちは」「いい天気だね」、そういうさりげない会話を毎日する。そうやってコミュニケーションをとることが信用を積み重ねてゆくということなのだ。

友達同士の借金も同じだ。困った時はお互い様。こっちが困った時に世話になることもあると、金を貸すことはままある。友情を壊したくなければ、なるべく早く返すことだ。金で拗れた友情はなかなか取り戻せない。

貸すくらいなら、あげたほうがいいというのも疑問だ。借りたものは返せばいいが、もらうのは負担になる。まぁ、でも日本の風習はよくしたもので、たとえば、よそにご馳走になりに行く時は、蒲鉾板一枚、佃煮の一包みでも下げて行けば、どんなに豪華なものをご馳走になっても、それでよいことになっている。相手はご馳走をしたいんだ。返礼を期待しているわけではない。蒲鉾板一枚の気は心ということだ。そうやって、金持ちと貧乏人で友情を育んでいた例は多かった。もしお金をもらったら、半紙の一帖、手拭の一枚でもお返しをすればいい。人間関係、うまくやる方法はいくらでもある。

落語「掛取萬歳」あらすじ

大晦日、借金の払えない家。いろいろな店の借金取りがやってくる。主人は「人間は好きなものには心を奪われるから、借金取りの好きなものを使って言い訳をしよう」と言う。まずは狂歌好きの大家が家賃を取りにくる。主人は狂歌に凝って仕事に身が入らず金がないと言い、次々に貧乏を題材にした狂歌を詠むので、大家は納得して帰っていく。続いて、歌舞伎好きの酒屋など、いろいろな趣味の人がくるのを次々に追い返す。最後は、三河萬歳が趣味の男がくる。

【おすすめCD】『六代目三遊亭圓生落語名演集二』(コロムビア)

二、金儲けと友情――「花見酒」

高校生とかで、友達と一緒にバイトに行く奴っていた。なんなんだろう。確かに学校を離れて大人の中に入って働くのであるから不安はある。友達が一緒にいれば安心だ。行き帰りや、仕事の休み時間に話し相手もいる。だが、バイトは働きに行くんであって、遊びに行くわけではない。社会勉強なら、友達と喋ってないで、そんな時こそ、大人と話をするチャンスじゃないか。学校じゃ話す大人なんて先生くらいしかいない。先生が教えてくれない、いろいろなことを教えてくれる大人は多い。そういうチャンスを活かせるかどうかも、楽しい青春時代を過ごす鍵になる。

友達と一緒に起業をする奴もいる。大学の起業サークルみたいなものがアイディアや技術でベンチャービジネスを起こして成功する、などというのもあるのかもしれない。仲間同士わいわいやっている時に、ふとしたアイディアが生まれることなどはよくある。だが、それを事業にまで持ってゆくには、余程のマネージメント能力が必要だ。成功しているベンチャーの多くは、メンバーにマネージメント能力が優れた奴が必ずいる。ただ最初は盛り上がっているが、会社の規模が大きくなると、取り分で揉める。マネージメント力のある奴は、案外、アイディアや技術を持っていない場合が多く、アイディアや技術を持っている奴はそれまで一緒に苦労してきたことを忘れがちになる。そして、前項にも書いたが、金で拗れた友情は、修復も難しくなる。

金が絡むと、遊び半分では済まなくなる。


「ねえねえ、あなた」

「なんだい」

「この間、高校時代の友達の雅美から電話があったんだけれど」

「おいおい、まさかお前の友達も金を貸せって言うんじゃないの?」

「そういうんじゃないんだけれど」

「それはよかった」

「でも似てるかも」

「似てる? なんなんだよ」

「投資をしないかって」

「なんだ、それ? お前の友達、証券会社かなんかで働いているの?」

「そうじゃないのよ。実は雅美の旦那さんが今度独立して会社を作るんだって」

「ふーん」

「雅美の旦那さんって大手のメーカーに勤めていて、特許とかもたくさん持っていて、そのうちの一つに投資してくれる人がいて独立することになったんだけれど、資金は多いほうがいいから、大勢の人に呼び掛けているんだって」

「特許って、会社で持っている特許だろう。それとも、友達の旦那さんが個人的に取った特許なの？」

「そこまで詳しくは聞いていない」

「それだけの情報じゃよくわからないな。お前は投資したいの？」

「雅美とは親友だったから、助けてあげたい気持ちはあるんだけれど、絶対に儲かる投資だって言うの。絶対に儲かることはないじゃない。だから、なんか怪しいかなって。友達を疑いたくはないいんだけれどね」

「まぁ、旦那さんを信用しているから、絶対、なんて言葉が出るんだろうな。旦那さんも安定した一流企業の身分を捨てて起業するんなら、成功する自信があってやるんだろうな」

「そうかもしれない」

「調べてみて、詐欺じゃなければ、なくなってもいい金額程度なら投資してもいいんじゃないか？」

「わかった。あなた調べてみてくれる？」

「俺が調べるの？」

「あなたが調べるほうが早いでしょう。時間は有効に使いましょう。これが雅美からきた、会社の資料のメール。じゃ、そういうことで。晩ご飯出来るまでに調べといてね」

「おいおいおい」

「文句あるの?」

「はいはいはい」


「調べた」

「どうだった?」

「つまりこういうことだ」

「そういうことか」

「まだ何も言っていない」

「早く言いなさいよ」

「こういう言い方していいのかはわからないけれど、雅美さんの旦那さんは、早い話がリストラになったみたいだ」

「えーっ、そうなの、タイヘンじゃない」

「解雇とか、出向とかではなしに。出向に似ているのかもしれないが、会社が特許とかを貸すから別会社を作れ、会社の名前は使っていいけれど、あくまでも別会社で、独立採算でやれよ、ということらしい。成功すれば儲かるけれど、失敗すれば、はい、それまでよ、ということらしいんだ」

「タイヘンだわ。で、その事業は成功しそうなの？」

「技術的な専門知識がないから、わかんないよ。明日、会社で詳しい奴に聞いてみるよ。雅美さんの旦那さんの場合、技術のチームごと独立するみたいだから、会社でやっていた一部門が別会社になる。わりと堅実なんじゃないかと思うよ」

「なら投資してもいいのかも。というか、投資してあげたほうがいい？」

「金はあって困るものじゃないからな。うちが出せるのはわずかな金だがな。ただもし失敗して金がなくなっても雅美さんを恨んだりするなよ。投資っていうのはあくまでも自己責任だからな」

「うん、わかった」

「まぁ、儲かったら、海外旅行でも行くか。そんなにうまい話ではないと思うがな」

「私たちは気楽でいいわね。一流企業のエリート技術者の奥様だったのにね。投資がどうのというよりも、雅美の将来が掛かっているのよね。うまくいってほしいな」

　仕事と友情の問題は難しい。

　人脈というのは、日頃の付き合いが大きい。たとえば、趣味の友達なんていうのは、ぜんぜん別業種の場合が多い。直接の仕事には関わりがないが、弁護士だったり税理士だったり、あるいは大工だったり旅行会社の社員だったりして、ひょんなことで仕事を頼んだり頼まれたりすることがあるかもしれない。そういう時は友達だと安心だったりもする。

だが友達としてはいい奴でも、仕事が出来るとは限らないし、友達に頼んでうまくいかなかった時は何かと面倒が起こったりもする。そのあたりの兼ね合いも難しい。

ましてや、一緒に仕事をする、何か金儲けをするとなると、ますます難しい。仕事で知り合って、それから友達になるのとは違う。友達だから、儲け話に一口乗せてやろう、ならいいが、友達だから無理も利くだろうと誘ったりして無理が利かないことはままある。前文でも書いたが、うまくいけば分け前で揉め、失敗すれば気まずくなる。

とはいえ、職に就こうとか、あるいは人を雇おうと思った時は、コネは重要だ。初対面の人より、人を介して紹介してもらうほうが確かな場合が多い。だから、紹介する時も、あの人は友達だからでなく、能力を考慮して紹介しないと、信用を失うことになりかねない。

また何人かの人を雇う場合、友達同士の奴らを雇うのはよくない。大企業ならともかく社員数の少ない会社では、そいつらで派閥を作ったり、気に入らないといっせいに辞めたりもする。

金が絡む友情は実に難しい。

落語「花見酒」あらすじ

酒好きの友達二人が、向島に酒の樽を担いでいって、一儲けを企む。二人で行ったのがまずかった。一人が売り子、もう一人が客になり、交互で飲み出して、四文の銭が行ったりきたりする。酒樽がカラになったが、手元には四文しかない。

友達同士の金儲けはうまくゆかないという噺だ。

[おすすめCD]『ＮＨＫ落語名人選21　六代目春風亭柳橋』（ユニバーサル）

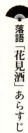

三、兄弟でも金は他人――「ねずみ穴」

遠い親戚よりも近くの他人。やはり、いざという時に助けてくれるのは、友達やご近所だろう。災害や、急な事故、事件に巻き込まれた時に、友達やご近所は多分手を差し伸べてくれるはず。そんな時には人間って捨てたものじゃないと思う。

ただそれには日頃の行いも大事で、友達やご近所を大切にする、別にたいしたことをしなくてもいいんだ。「おはよう」「こんにちは」、そんな程度の挨拶くらいはやっておく。そういう最低限の付き合いは必要だろう。

遠い親戚でなく、近くの親戚は、頼りになると同時に、厄介な存在であったりもする。家のことにいちいち口をはさまれたり。ちょっと昔の地方だったりすれば、結婚や進学、就職にもいろいろと文句を言われたりもする。別に反対じゃない、明確な反対の理由も多分ない。反対ではないのだが何か一言言いたい。面倒な存在である。

しかもこれに金が絡むと、さらに面倒だ。

やはり親戚だと相続か。もしかしたら遺言状に俺の名前はなかったか？　と真剣に聞いてきたりする。

あとは兄弟だ。「骨肉の争い」なんていう言葉もある。

いや、それこそ歴史を見たって、神代の昔から兄弟で揉めることなんて、よくあった。『古事記』に出てくるウミサチ・ヤマサチなんて、原因は釣針一本で大喧嘩だ。兄弟だけによりシビアな場合もあるようだ。


「ちょっと相談があるんだ」

「なんだよ、竹田、相談って」

「実はな」

「うん」

「俺の兄貴の息子が今年大学四年で、会社案内見てうちの会社に就職したいって言うんだ」

「ふーん」

「なんだよ、その気のない返事は」

「別にいいんじゃないか。就職氷河期でもないし。口くらい利いてやれば」

「兄貴からいきなり電話があってな、口を利いてくれって言うんだけれど」

「だいたいわかった。お前、兄さんとあんまりうまくいってないんだな？」

「わかるか」

「わかるよ」

「親父の相続の時にちょっと揉めてな。たいしたことじゃないんだ。うちなんて財産があるわけじゃない。ただ兄貴は細かい性格でな。相続の計算を俺にやれって言って、計算書を出したら、それを計算し直して、これは違うあれは違う、ってやり出して。それも一円単位のことでだ。だったら兄貴が計算してくれ、俺は黙って従うから、って言ったら、それじゃ駄目だ、あとで揉め事になる。ならねえよ。今、細かいことをガタガタ言うから揉めてるんだろう？」

「ははは。お前ら漫才みたいだ」

「なんだよ、その言い方」

「親戚、笑ってたろう」

「親戚の前でやってないよ」

「で、口利いてやるのか」

「もうあの兄貴とは関わり合いになりたくないよ」

「おいおい、兄さんだって、お前とあんまり口利きたくないのに、息子のためだと思って電話してきたんだろう？」

「お前の言う通り、別に就職氷河期じゃないんだから、余程学校の成績が悪けりゃ別だが、試験受けて入ればいいだけだろう？　何もまだ下っ端の親戚のコネ使わなくてもさ」

「ふふふ」

「なんだよ」

「兄さん、お前と仲直りしたいんじゃないの？　息子のほうが出汁に使われているんじゃないのか？　今時の子だぞ、あんまり叔父さんのコネで就職したいわけないだろう。まぁ、就活が面倒だから、叔父さんのコネでとっとと内定もらっちまおうっていうことかもしれないがな」

「面倒臭え」

「一度、兄さんと、それから甥っ子の三人で会って話してみれば？　真意がわかった上で、口利いてやればいいだろう」

「もっと面倒臭え」


「どうだった、竹田」

「甥っ子は工学部で、うちが開発したシステムに興味があるんだと。たいした力にはなれないが、こういう子がいるって総務に話すよって言ったら、兄貴、喜んでいたよ。甥っ子も頑張りますって」

「なのに浮かない顔。どうした？」

「兄貴が言うには、『俺が相続の時に、一円単位できっちりやったから、弟と揉めることなく、今こうして口も利いてもらえるんだ。金で揉めると兄弟も他人だ。やはりあの時、一円単位でちゃんとやってよかったなぁ』だってよ。あの時、兄貴が細かいことばかり言うから、法事以外では一切連絡もしてなかったのに」

「ははは。兄さん真面目なんだね」

「真面目過ぎる」

「でも兄さんの言う通り、金が絡むと兄弟も他人だからな」

「確かにそれはあるのかもしれないな。あー、相談に乗ってもらって悪かったな」

「いやいや、気にするなよ」

「今日は俺が奢るから」

「いいよ。友達でも金が絡むと揉めるから、割勘で行こうぜ」

「お前とは揉めたくないからな。まぁ、長い付き合いだし、次は俺がお前の話を聞いてやることもあるかもしれないし。じゃ、割勘にするか」

「それがいい」

「えーと、五七二二円だから、二八六一円だな」

「一円単位で割るのかよ」


とにもかくにも、金はトラブルのもと。だからといって、金がなくていい、ということではない。金はあったほうがいい、それも少しでも多いほうがいいと思うから、たとえ友達、兄弟、親戚、場合によっては親子でも揉めるのだ。とくに兄弟は揉める。性格も知っていて、相手の考えていることがお互いになんとなくわかるからかもしれない。

では兄弟で金のことで揉めないようにするにはどうしたらよいか。二つしかない。

一つは日頃からなんでも一円単位できっちり割る。面倒でもなんでも、とにかくきちんと、なんでもそうする。その時は不満でも、あとあと揉めることはない。何事も平等。果たしてそんなことがうまくゆくのか。親だって金まわりの良い時と良くない時があったろう。金まわりの良い時に生まれた子供はいい思いをしたし、良くない時に生まれた子供は我慢することが多かったりしたことだろう。親も親で、兄弟の中でも可愛い子とそうでもない子がいて、可愛い子にだけ内緒で小遣いやっていた、なんていうことがあるかもしれない。そういうのがバレるとやはり揉めるな。

もう一つは、兄弟の誰かが総取りで、他の者は文句が言えない状態にしてしまうことだ。親が商売をやっていれば、やはり跡を継ぐ者が総取りということになるのだろう。それでも相続となると、一円もやらないというわけにはゆかない。現金があればいいが、不動産や株しかないと、総取りする者に負担が掛かる。

やはり日頃が大事だ。兄弟なら、お互いに腹を割って話をすればいい。金も大事だが、親の遺志をどう継いでゆくのかが一番大事なんじゃないか。

なんにせよ、兄弟仲良く。仲良きことは美しきかな。

落語「ねずみ穴」あらすじ

兄弟は父親の残した田畑をきっちり二つに割り、兄はそれを金にして江戸へ出て、商売をやり財産を築いた。弟の竹次郎は持ちつけない金を得たために散財し財産を失った。竹次郎は兄を頼って江戸に出る。困った時に頼れるのは兄しかいなかった。兄は商売の資本を貸してやると言う。だが兄が貸してくれた資本は三文だけだった。いろいろな解釈があるが、今の七五円と思っていい。竹次郎は兄を見返してやろうと、棒手ふり商人となり、朝から晩まで働き、一〇年後には大店の主人となる。

竹次郎は一〇年ぶりで兄を訪ねる。兄は、「もしあの時、一〇両貸したら、おそらく使ってしまって今のお前はなかった」と言う。試練を与えるためあえて辛く当たったと語る。竹次郎は兄と酒を飲み、その晩は兄の家に泊まるが、その夜、竹次郎の家が火事になり、一〇年かけて築いた財産が灰になってしまう。

[おすすめCD]『六代目三遊亭圓生落語名演集 四』(コロムビア)

四、金は天下のまわりもの――「持参金」

金と友情はどっちが大切か。

それは友情だろう。金は働けば稼げるが、友情は失えば取り戻せない。

いやいや、金だ。たとえば、サラリーマンだった奴が起業して成功すれば、昔の会社の同僚なんかとは付き合いがなくなり、会社経営者たちのコミュニティに入り、新しい友達が出来る。金のあるなしで、付き合う友達が違ってくるのは当然だ。

金のあるなしを超えた友情もあるだろう。たとえば趣味限定の友情や……。いや、むしろ趣味っていうのは金がかかるから、同じ趣味でも金がある奴とない奴では話が合わない。

ちょっと一杯飲むのでも、料亭か居酒屋か立ち飲みか。一回や二回は相手に付き合っても、貧乏人は金が続かないし、金持ちは、もっとちゃんとしたもん食おうよ、ということになる。

江戸時代、結婚などでもほとんど同身分の者同士で行ったのは、結婚は家と家の結びつきで、貧乏な家と金持ちの家では盆暮れの付き合いも出来なくなるからだ。

いや、そんなのはどうでもいいんだ。飲みに行ったら、勘定なんて金のある奴が払えばいいんだ。落語の「文七元結」で長兵衛の心意気に感じ入った近江屋卯兵衛が「親戚付き合いをしよう」と言う。親戚付き合いでは、正月の鏡餅のやりとりをするらしい。よくわかんないけれど。近江屋の鏡餅はでかい、長兵衛の鏡餅は小さい。「それでも構わないかい」と長兵衛が言うと、「構いません」と近江屋が言う。ホントの金持ちは餅の大きさなんて気にしないもんだ。「貧乏人とは付き合いたくない」などと言っている金持ちは、金を借りにこられるのが嫌なだけの、しみったれということだ。

「金は天下のまわりもの」。経済は金が循環するからよくなる。誰かが貯め込んでいては駄目で、だから金のある奴はどんどん使ったほうがいい。友達に奢るだけでなく、ボランティアとか寄付とか、あるいは芸人を呼ぶとか、そうやって構築する人間関係もあるのだ。


「おい」

「なんだ、吉田か。どうした?」

「来週空いてる日があったら飲みに行かないか。俺が奢るよ」

「なんかあったのか?」

「いや、実はな」

「どうした?」

「宝くじが当たった」

「マジかよ。スゲエな。いくら当たった?」

「一万円」

「なんだよ。たった一万円か」

「たった一万とはなんだよ」

「普通は宝くじが当たったって言ったら、億だと思うだろう？」

「億当たったら言わねえよ」

「なるほど」

「一万でもはじめて当たったんだ。嬉しいから、喜びを親友のお前と分かち合おうと思ったんだが」

「わかった、悪かったよ。行くよ、行く。ふふふ。お前の自慢話を聞いてやるよ」


「ただいま」

「ねえ、あなた、山本さんから、これきてた」

「結婚式の案内じゃないか。なんだよ、もう決めたのか。あいつ決めたら行動早いな」

「ねえ、ご祝儀っていくら包めばいいの？」

「世間の相場ってあるだろう」

「ご夫妻できてくださいって書いてあるけれど、×２ってこと？」

「どうなんだろう」

「でも行かないわけにはゆかないわよね。仲人、専務さんでしょう。奥様方の目があるから、ねえ、新しい洋服、買っていい？」

「どさくさにまぎれて何を言うんだ」


「マスター」

「なんです、沢田さん」

「今度、会社の同僚、連れてきていいかな。マスターの焼き鳥食わせたい人がいてね」

「女性ですか？」

「いや、上司なんだけどね。いつも安い店で飲んでいて、うまくもない焼き鳥ばかり食ってるみたいなんだ。一度、マスターの焼き鳥、食わしたらどんな顔するかと思ってね」

「いつでも連れてきてくださいよ。大歓迎ですよ。ずっと思っていたんです。なんで沢田さんは会社の仲間と飲みにこないのかって」


「本来なら、私たちが仲人のはずよね？」

「大山さん、俺たち夫婦じゃないし」

「あなたのところが仲人でいいわよ。うちは二次会の仲人とか」

「そんなに仲人はいらないよ。黒木専務でいいんじゃない？　あの人がいなかったら、山本はクビだったのかもしれないし。サラリーマンとしては重役を立てといたほうがいいんだよ」

「そういうもんかしらね」

「そういうもんだよ」

「ねえねえ、広報課の井上真美子が三〇歳独身なんだけれど、誰かいい人いない？」

「大山さん、結婚斡旋に味しめた？」

「ちょっとね。人をくっつけるのが楽しいっていうか」

「仲人婆さん、まっしぐら？」

「誰が婆さんよ！」


「そうそう。ご近所トラブルはどうなったんだ。金持ちマンションだっけ」

「エレガンスマンションね。大人は駄目ね。でも、あなたの言う通りだったの」

「何が」

「子供たちは仲良くなって。餅つき大会があったでしょう。子供たちが参加したいって言うんで、住民の何人かが町内会に入ったみたいだけれど、まだ二割くらいみたい」

「残りの八割は子供のいない家？」

「そうでもないみたい」

「まぁ、そういうトラブルはこれからもあちこちで増えるんだろうな。でも大勢人がいるんだから、皆、同じじゃないんだ。そのことをわかり合うことが大事なんじゃないかな」

「金は天下のまわりもの」と言う。

あんまり、まわってこないなぁ。

うちにまわってこないだけで、まわっているから世の中は動いていることは間違いない。

金をまわそうと思ったら、うんと使ったほうがいい。金を使うことは世のため人のためである。いやいや、質素倹約の美徳もある。美徳なんかじゃないよ。

質素倹約が奨励されたのは、まず江戸時代だ。江戸時代の武士は一定の知行や俸禄が収入で、余程のことがなければ昇給することはなかった。一方、町人は生産し、販売し、いろいろなサービスを提供するから、金が儲かる。儲かれば使う。経済がまわると、インフレが起こる。それが多かろうが少なかろうが、一定の給料しかもらっていない武士はインフレが起こると困った。だから幕府は緊縮政策を行い、質素倹約を奨励し、時には法律を定めて贅沢を禁止した。質素倹約は、武士社会の秩序を維持するために必要だった。

だいたいが武士は金を欲しいと思わない。出世をしたいと思っても戦国時代のように、槍働きで知行を得られる時代ではない。役職に就くことが出世だとしても、得られるものは知行よりも、やりがいや名誉だ。出世しなければ、今の収入でそれなりの暮らしをすればよかった。大名は大名の、下級武士は下級武士の、収入に見合った生活があった。役職に就き収入が増えても、それに伴って付き合いが広がり支出も増えるのだ。そんな武士だからこそ、インフレが起こると、生活基盤が揺らいだのだ。

次に質素倹約が奨励されたのは、第二次大戦時。贅沢する金があれば戦時国債を買って戦争に協力せよ。何事も戦争が優先され、国民に我慢を強制した嫌な時代である。

金はあるに越したことはないが、なければないなりの、身の丈に合った暮らしをすればいいだけのことである。

だが、金が欲しいという欲求はあるのだ。だから、金は人生を変える。しかし、ホントに金が人生を変えるのか。金は一つのきっかけか、あるいはちょっと背中を押しただけかもしれない。人間の出会いとか、縁というのには、もっと奥深いものがあるように思う。人と人との出会いも、付き合いも、別れも、すべて何かの「縁」だ。それを育ててゆくか、うまく立ちまわるか、断ち切るか、すべては自分次第でしかない。自分がどうしたいかに掛かっている。

落語「持参金」あらすじ

金と友情と、男と女がテーマの不思議な噺だ。

男は家で金が届けられるのを待っていた。男は友達に一〇両借りていた。朝方、友達がきて、急に金が入用だから一〇両すぐに返せと言われた。友達は大店の番頭だ。ある時払いでいいと借りたが、番頭はどうしても金が必要だ、夕方に取りにくるからその時までになんとかしてくれと言い残して帰る。男は困った。右から左にどうにかなる金額ではない。どうしようかと思案しているところへ、今度は大家さんがきた。嫁を世話すると言うのだが、男はそれどころではない。しかも相手の女というのが、とんでもない不細工で、しかも妊娠しているのだという。だが女には一〇両の持参金があるという。あーっ、これで友達に一〇両返せる。

大家さんは夕方に持参金の一〇両を持ってくると言い帰る。女は名をおなべといい、さる大店の女中。店の番頭といい仲になり逢瀬を重ね、とうとう腹に子が出来た。番頭は急に心変わり。女中との関係がバレたら、店をクビになりかねない。そこで一〇両の持参金で誰かに押しつけてしまおうというのだ。夕方、大家さんがくる前に友達がくる。金の算段はついているというと、友達は安心して、恥を話すようだがと、一〇両の入用の理由を語り出す。なんと、おなべの腹の子の父親は友達だった。

「あんな女でも、持参金の一〇両もつければどっかのバカが引き受けてくれるかもしれない。いくらなんでもそんなバカはいないだろうと思ったら、いたって言うんだよ」

「あーっ。そのバカは俺だ」

結局、男はおなべを嫁にもらうこととなり、万事丸く収まる。一〇両の金は現金がないまま、二人の間をまわっただけだ。

男はわずか一〇両の借金のため、不細工な妊婦を嫁にもらわねばならない羽目になった。借金なんてするものじゃない、という話ではない。金じゃない。友人の番頭の窮地を救ったんだ。これは友情物語……なのかもしれない。

【おすすめCD】『特選!! 米朝落語全集 第二十集』（ＥＭＩ）

あとがき

私がライターという職業を選んだ最大の理由は何かと言えば、人付き合いが下手だからだ。家にいて、なるべく外に出ず、ひたすら原稿を書いていれば商売になるんじゃないか。

ところがどっこい、なってみて気が付いたのだが、ライターほど人付き合いが重要な仕事もないのである。

まず、家にいて、なるべく外に出なければ、仕事が来ない。自営業者であるから。外に出て一生懸命営業しなくちゃいけない。わずかな縁の、出版社や編集プロダクション、企画会社の知り合いに電話を掛け、会って話をし、企画を売り込んだり、「何かお仕事がございましたら、よろしくお願いします」と頭を下げたりする。

そんなことをしたって仕事に繋がることは少ないのだが、顔を覚えてもらえば、何かの時に声を掛けてくれることがないこともない。そうやってマメに人脈を広げなければならない。人付き合いが苦手では立ちゆかないのだ。

取材では初対面の人にも会わなければならない。芸能人とか作家、企業の広報担当とか取材慣れしている人もいれば、取材を受けるのははじめてという一般の人もいる。何を聞いても建前しか言わない人もいれば、聞いてもいないのに若き日の失敗譚や下半身の話まで熱く語る人もいたりする。

「そんなことを聞いて、お前、どうするんだ」と怒られることもあれば、「よくぞ聞いてくれた」と感謝されることもある。

なっちゃったんだから、しょうがない。老若男女、有名人から市井の人まで、いろんな人に会わなきゃならない。いい加減慣れなきゃいけないんだろうが、苦手は苦手である。

何が苦手って、相手が私とあまり話したくないんじゃないかと思う時がある。そういう負い目がよくある。私は「顔が怖い」と言われることがある。怖い人間と会うのは、私も嫌だ。だから、相手も嫌なんだと思う。なるべくニコヤカにしていようとは思うのだが、怖い顔の奴がニコヤカにしているのも気持ち悪かったりする。

何度も会っている人だから気やすく声を掛けたら、相手は私のことをすっかり忘れていて「お前は誰だ!」と言われたことは、数限りなくある。印象が薄い人間はライターにはむかない。困ったものだ。

人付き合いが苦手な人間がなんで交際術をはじめとする生き方の極意の本が書けるのか。苦手だから書けるんだ。普段から、こうすればいいのにと思っていて出来ないことや、こういう考え方でやってみたら案外大丈夫じゃないか、そうした視点がいたるところに出てくる。

役に立つか立たないかは、読者の皆様の考え方。それも「十人十色」。
平凡社の水野さんのご苦労あって、なんとか出来ました本、おおいに感謝。そして読んでくださった皆様にはさらなる感謝、申し上げる次第左様。

二〇一六年九月

稲田和浩

【著者】
稲田和浩（いなだ かずひろ）
1960年東京都生まれ。大衆芸能脚本家、演芸評論家、ライター。主に、落語、講談、浪曲などの脚本、喜劇などの脚本、演出を手掛ける。著書に『食べる落語』（教育評論社）、『浪曲論』（彩流社）、『にっぽん芸能史』（映人社）などがある。

平凡社新書826

落語に学ぶ大人の極意

発行日――2016年10月14日　初版第1刷

著者――稲田和浩

発行者――西田裕一

発行所――株式会社平凡社
東京都千代田区神田神保町3-29　〒101-0051
電話　東京（03）3230-6580［編集］
　　　東京（03）3230-6573［営業］
振替　00180-0-29639

印刷・製本―図書印刷株式会社

装幀――菊地信義

ISBN978-4-582-85826-6
NDC分類番号779.13　新書判（17.2cm）　総ページ256
平凡社ホームページ　http://www.heibonsha.co.jp/